# René Dick

## Beamten- und Juristenwitze

# Juristenwitze

Ein Hund kam in eine Metzgerei und stahl einen Braten. Glücklicherweise erkannte der Metzger den Hund als den eines Nachbarn, eines Anwalts. Der Metzger rief den Anwalt an und sagte: "Wenn Dein Hund einen Braten aus meiner Metzgerei stiehlt, dann bist doch dochwohl für die Kosten verantwortlich, oder?" Der Anwalt erwiderte: "Natürlich. Wieviel kostet das Fleisch?" "30 Euro." Ein paar Tage später erhielt der Metzger einen Scheck über 30 Euro mit der Post. Angeheftet war eine Rechnung mit folgendem Text: "Rechtsauskunft: 350 Euro."

---

Zwei Mütter unterhalten sich über ihre jugendlichen Sprösslinge: "Was will Ihr Sohn denn später einmal werden?" "Rechtsanwalt. Er streitet gerne, mischt sich ständig in anderer Leute Angelegenheiten und weiß immer alles besser."

---

Fragt der junge Richter seinen ergrauten Kollegen: "Ich habe da einen Schwarzbrenner, der Zwetschgengeist produziert hat, wieviel soll ich ihm wohl geben?" - "Auf keinen Fall mehr als 4 Euro pro Liter!"

---

Der Richter fragt die Angeklagte: "Ihr Alter?" Angeklagte: "Der wartet draußen!"

---

Müller geht an Krücken und trifft einen Freund. "Was ist Dir denn passiert?" "Autounfall." "Schrecklich. Kannst Du nicht mehr ohne Krücken gehen?""Weiß nicht. Mein Arzt sagt ja, mein Anwalt nein..."

---

Ein Rechtsanwalt saß im Flugzeug einer Blondine gegenüber, langweilte sich und fragte, ob sie ein lustiges Spiel mit ihm machen wolle. Aber sie war müde und wollte schlafen. Der Rechtsanwalt gab nicht auf und erklärte, das Spiel sei nicht nur lustig, sondern auch leicht: "Ich stelle eine Frage und wenn Sie die Antwort nicht wissen, zahlen Sie mir 5 Euro und umgekehrt." Die Blonde lehnte ab und stellte den Sitz zum Schlaf zurück. Der Rechtsanwalt blieb hartnackig und schlug vor: "O.K., wenn Sie die Antwort nicht wissen, zahlen Sie 5 Euro, aber wenn ich die Antwort nicht weiß, zahle ich Ihnen 500 Euro!" Jetzt stimmte die Blonde zu und der Rechtsanwalt stellte die erste Frage: "Wie groß ist die Entfernung von der Erde zum Mond?". Die Blondine griff in die Tasche und reichte ihm wortlos 5 Euro rüber. "Danke" sagte der Rechtsanwalt, "jetzt sind Sie dran.". Sie fragte ihn: "Was geht den Berg mit 3 Beinen rauf und kommt mit 4 Beinen runter?". Der Rechtsanwalt war verwirrt, steckte seinen Laptopanschluss ins Bordtelefon, schickte E-Mails an seine Mitarbeiter, fragte bei der Staatsbibliothek und bei allen Suchmaschinen im Internet. Aber vergebens, er fand keine Antwort. Nach einer Stunde gab er auf, weckte die Blondine auf und gab ihr 500 Euro. "Danke", sagte sie und wollte weiter schlafen. Der frustrierte Rechtsanwalt aber hakte nach und fragte: "Also gut, was ist die Antwort?". Wortlos griff die Blondine in die Tasche und gab ihm 5 Euro!

---

Ein Anwalt hat mit seiner Kanzlei Anlaufschwierigkeiten und beschwört daher den Teufel. Der kommt auch prompt, und sagt: "Diese Woche haben wir ein Sonderangebot. Du bekommst perfekte Gesundheit, gewinnst jeden Prozess, bist für Frauen unwiderstehlich, dein Tennis-Aufschlag ist nicht zu erwischen, jeden Morgen weißt du die Aktienkurse vom nächsten Tag, und Dein Mundgeruch ist weg. Dafür bekomme ich sofort Deine Frau und Deine Kinder, und die werden auf ewig in der Hölle schmoren. Na, was sagst Du?" Der Anwalt stutzt, seine Augen verengen sich zu schmalen Schlitzen, er zieht scharf die Luft ein - dann sagt er: "Moment mal. Irgendwo muss doch da ein Haken sein..."

Eine Befragung vor Gericht:
Anwalt: "Erinnern Sie sich an den Zeitpunkt der Autopsie?"
Arzt: "Die Autopsie begann gegen 8:30 Uhr."
Anwalt: "Mr. Denningten war zu diesem Zeitpunkt tot?"
Arzt: "Nein, er sass auf dem Tisch und wunderte sich, warum ich ihn autopsiere."

(das hat der Herr Anwalt noch taktvoll überhört... aber...)

Anwalt: "Doktor, bevor Sie mit der Autopsie anfingen, haben Sie da den Puls gemessen?"
Arzt: "Nein."
Anwalt: "Haben Sie den Blutdruck gemessen?"
Arzt: "Nein."
Anwalt: "Haben Sie die Atmung geprüft?"
Arzt: "Nein."
Anwalt: "Ist es also möglich, dass der Patient noch am Leben war, als Sie ihn autopsierten?"
Arzt: "Nein."
Anwalt: "Wie können Sie so sicher sein, Doktor?"
Arzt: "Weil sein Gehirn in einem Glas auf meinem Tisch stand."
Anwalt: "Hätte der Patient trotzdem noch am Leben sein konnen?"
Arzt: Ja, es ist möglich, dass er noch am Leben war und irgendwo als Anwalt praktizierte."

(...diese Antwort hat dem Arzt 3.000 Dollar Strafe wegen Ehrenbeleidigung eingebracht.
Er hat sie wortlos, aber mit Genugtuung bezahlt ...

---

Ein Mann steht vor Gericht, weil er seine Frau erschlagen hat.

Richter: "Das ist ein sehr brutales Vergehen. Wenn Sie mit etwas Milde rechnen wollen, müssen Sie uns schon eine Begründung geben."
Der Mann: "Die war so doof, die musste ich einfach erschlagen!"
Richter: "Das ist ja noch viel schlimmer. Wenn Sie nicht wollen, dass wir Ihnen die Höchststrafe auferlegen, dann geben Sie uns bitte eine plausible Erklärung."
Darauf der Mann: "Das war folgendermaßen. Wir wohnten in einem Hochhaus im 13. Stock und im ersten Stock wohnte eine reizende Portiersfamilie, die hatte drei Kinder. Es war schrecklich! Die waren so klein geblieben, von Natur aus. Der Zwölfjährige war 80cm groß, der 19-jährige 90cm. Ich kam eines Tages hoch zu meiner Frau und sage: Das ist schon was Schlimmes mit den Kindern unserer Portiersfamilie.
'Ja,' sagt meine Frau, 'das ist ein richtiges Pyrenäengeschlecht.'
Ich sage: 'Nein, was Du meinst, sind Pygmäen.'
'Nein,' sagt meine Frau, 'Pygmäen, das ist das, was der Mensch unter der Haut hat, davon kriegt er Sommersprossen.'
Ich sage: 'Das ist Pigment.'
'Nein,' sagt meine Frau, 'Pigment, darauf haben die alten Römer geschrieben.'
Ich sage: 'Das ist Pergament!'
'Nein,' sagt meine Frau, 'Pergament ist, wenn ein Dichter etwas anfängt und nicht zu Ende macht...
'Herr Richter, Sie können sich vorstellen, ich verschlucke mir das Fragment, ich setze mich in meinen Lehnstuhl und lese Zeitung. Plötzlich kommt meine Frau mit einem Satz, ich denke, jetzt ist sie irrenhausreif - 'Liebling, guck mal, was hier steht!'
Sie macht ein Buch auf, zeigt auf eine Textstelle

und sagt:
'Das Sonnendach des Handtäschchens war die Lehrerin
des Zuhälters 15.'
Ich nehme das Buch an mich und sage, aber Schatz,
das ist ein französisches Buch, da steht:
'La Marquise de Pompadour est la Maitresse de Lois
XV. Das heißt: Die Marquise von Pompadour war die
Mätresse von Ludwig dem 15.'
'Nein,' sagt meine Frau, 'das musst du wörtlich
übersetzen:
La Marquise - das Sonnendach
Pompadour - das Handtäschchen
la Maitresse - die Lehrerin
Lois XV - der Zuhälter 15
Ich muss das schließlich ganz genau wissen, ich
habe extra für meinen Französischunterricht einen
Legionär angestellt.'
Ich sage: 'Du meinst einen Lektor.'
'Nein,' sagt meine Frau, 'Lektor war der
griechische Held des Altertums.'
Ich sage: 'Das war Hektor, und der war Trojaner.'
'Nein,' sagt meine Frau, 'Hektor ist ein
Flächenmaß.'
Ich sage: 'Das ist ein Hektar.'
'Nein,' sagt meine Frau, 'Hektar ist der
Göttertrank.'
Ich sage: 'Das ist der Nektar.'
'Nein,' sagt meine Frau, 'Nektar ist ein Fluss in
Süddeutschland.'
Ich sage: 'Das ist der Neckar.'
Meine Frau: 'Du kennst wohl nicht das schöne Lied:
Bald gras ich am Nektar, bald gras ich am Rhein,
das habe ich neulich mit meiner Freundin im Duo
gesungen.'
Ich sage: 'Das heißt Duett.'
'Nein,' sagt meine Frau, 'Duett ist, wenn zwei
Männer mit einem Säbel aufeinander losgehen.'
Ich sage: 'Das ist ein Duell.'
'Nein,' sagt meine Frau, 'Duell ist, wenn eine
Eisenbahn aus einem dunklen finsteren Bergloch
herauskommt.'
Herr Richter - da habe ich einen Hammer genommen

und habe sie totgeschlagen..."

Betretenes Schweigen, dann der Richter:
"Freispruch, ich hätte sie schon bei Hektor
erschlagen..."

---

Eine Frau und ihr kleines Mädchen besuchen das Grab
der Grossmutter. Auf dem Weg vom Grab zurück zum
Auto fragt das Mädchen plötzlich: "Mama, darf man
denn zwei Personen im gleichen Grab begraben?"
"Nein, das darf man nicht", antwortete die Mutter,
"wie kommst du denn auf die Idee?"
Darauf das Mädchen: "Auf dem Grabstein dort steht:
Hier liegt ein Anwalt und ehrlicher Mann."

---

Der Angeklagte zu seinem Rechtsanwalt: "Wenn ich
mit einem halben Jahr davonkomme, bekommen Sie
20.000 Euro von mir." Nach dem Prozeß meint der
Anwalt: "Das war aber ein wirklich hartes Stück
Arbeit! Die wollten Sie doch glatt freisprechen..."

---

Richter zum Zeugen: "Wie weit waren Sie von der
Unfallstelle entfernt?"
Zeuge:"19,26 Meter."
Richter:"Wieso können Sie das so exakt angeben?"
Zeuge:"Ich habe sofort nachgemessen, weil ich
dachte, irgend ein Idiot wird mich sicher danach
fragen!"

---

Richter: "Angeklagter, gleich wird das Urteil
verkündet. Wie fühlen sie sich?"
Angeklagter: "Wie eine Braut vor der
Hochzeitsnacht. Ich weiß genau was kommt, ich weiß
nur noch nicht, wie lang es ist!"

---

Bei der Gerichtsverhandlung gegen den
Exhibitionisten gelingt es dem flinken Angeklagten,

sich blitzartig vor der jungen Richterin zu entkleiden. Die Dame wendet sich an den Staatsanwalt und ordnet an: "Das Verfahren wird wegen Geringfügigkeit eingestellt!"

---

Der Richter zum Angeklagten: "Sie sollten langsam wirklich versuchen, ein anderer Mensch zu werden!" "Aber das habe ich doch versucht! Es hat mir sechs Monate wegen Urkundenfälschung und Amtsanmaßung eingebracht!

---

"Schau mal einer an, auf diese Stunde habe ich zwanzig Jahre gewartet!" sagt der Verkehrsrichter zu seinem früheren Lehrer. "Jetzt setzen Sie sich mal dort drüben hin und dann schreiben sie hundertmal: "Ich soll nicht über eine rote Ampel fahren!"

---

Juristisches Staatsexamen. Thema Strafrecht. Der Professor: "Was ist Betrug?"
Der Student: "Ein Betrug wäre es zum Beispiel, wenn Sie mich durchfallen lassen."
Professor: "Wieso das?"
Student: "Weil nach dem Strafrecht jemand einen Betrug begeht, wenn er die Unkenntnis eines anderen dazu ausnutzt, um ihm Schaden zuzufügen."

---

Der Richter zum Angeklagten: "Sie sollten langsam versuchen ein anderer Mensch zu werden!" "Aber das habe ich doch versucht. Es hat mir sechs Monate wegen Urkundenfälschung und Amtsanmaßung gebracht!"

---

Der Richter fragt die Zeugin: "... und wie alt sind Sie?" Beharrliches Schweigen seitens der Zeugin. Darauf der Richter verärgert: "Wenn Sie nicht antworten, lasse ich Sie von den Zuschauern schätzen!!!"

---

Die ältere und nicht gerade liebreizende Anwältin hält ein brillantes Plädoyer für den schönen Gentleman-Einbrecher. Ein Freispruch liegt in der Luft, da läßt sich die Dame zu dem Satz hinreißen: "Ich bin so sehr von der Unschuld meines Mandanten überzeugt, daß ich ihn auf der Stelle heiraten würde." "In diesem Fall möchte ich die Tat lieber gestehen", erklärt der Angeklagte erschrocken.

---

Heini, Gerd und Emil sind zum Vaterschaftsprozess vorgeladen.
Heini: "Ich habe eine prima Idee: Wenn wir alle die Vaterschaft anerkennen, kann uns gar nichts passieren!"
Die beiden anderen stimmen begeistert und erleichtert zu.
Als erster muss Heini vortreten: "Erkennen Sie die Vaterschaft an?"
Heini: "Jawohl, Herr Richter!"
Richter: "Die Verhandlung ist somit geschlossen."

---

Mit seinem Anwalt geht der Mandant noch einmal die Abrechnung durch. "Nichts gegen die Spesen für das Mittagessen", sagt er, "obwohl ich eigentlich dachte, Sie hätten mich eingeladen. Aber was soll denn das hier: Beratung bei Arbeitsessen - 50 Euro?" "Erinnern Sie sich denn nicht mehr?", will der Anwalt wissen, "da habe ich Ihnen doch zu den gedünsteten Krevetten in Madeira geraten."

---

Nach der Gerichtsverhandlung sagt der Anwalt zu seinem Klienten: "Tut mir leid, Herr Junker, dass ich nicht mehr für Sie erreichen konnte." "Das macht nichts, Herr Rechtsanwalt, fünf Jahre genügen mir vollkommen."

---

"Zeuge, jetzt sagen sie uns bitte: Wie drückte sich
der Angeklagte aus?"
"Er sagte, er habe das Auto gestohlen."
"Sprach er dabei in der dritten Person?"
"Nein, Herr Richter, wir waren allein."
"Sie verstehen mich falsch. Ich möchte wissen, ob
er nicht vielmehr gesagt hat: Ich habe das Auto
gestohlen."
"Nein, Herr Richter, von ihnen war überhaupt nicht
die Rede."

---

"Pflegt Ihr Freund Selbstgespräche zu führen, wenn
er allein ist?", fragt der Vernehmungsrichter die
junge Zeugin. "Ich weiß nicht, Herr Richter, ich
war noch nie bei ihm, wenn er allein war."

---

Anwalt: "Haben Sie denn Ihrem säumigen Schuldner
die Rechnung vorgelegt?"
Mandant: "Ja, natürlich."
Anwalt: "Und was hat er gesagt?"
Mandant: "Ich soll mich zum Teufel scheren."
Anwalt: "Und was taten Sie dann?"
Mandant: "Ich kam sofort zu Ihnen!"

Richter: "Wo, waren Sie gegen 5 und 6?"
Angeklagte: "Im Kindergarten!"

---

"Das haben wir gleich", sagte der Anwalt und meinte
das Geld seines Mandanten.

---

Fragt ein Anwalt den anderen: "Na, wie gehts?"
Sagt der andere: "Schlecht, ich kann nicht klagen!"

---

O.J. nach dem Prozeß: "Bekomme ich jetzt meine
Handschuhe und mein Messer wieder?!..."

---

Was ist der Unterschied zwischen einem Anwalt und einem Eimer voll Scheiße? Der Eimer.

---

Was sind 1000 Rechtsanwälte aneinandergekettet auf dem Meeresgrund? Ein guter Anfang...

---

Was geschieht, wenn eine Klapperschlange einen Anwalt beißt? Die Schlange stirbt ...

---

Was bedeutet es, wenn ein Jurist durch die Tür kommt? Der Vampir hat seinen Sarg verlassen.

---

Glaubst du eigentlich an Justiz-Irrtümer?" "Klar, ich bin schon dreimal freigesprochen worden!"

---

O.J. Simpson ist frei!... Seit Vater Graf das weiß, geht er drei Mal die Woche auf die Sonnenbank...

---

Was sagt ein arbeitsloser deutscher Jurist zu einem

Juristen, der einen Job hat? "Bitte eine Currywurst".

---

"Angeklagter, wieso haben Sie dem armen alten Mann vier Zähne ausgeschlagen?" "Er hatte nicht mehr, Herr Richter"

---

Richter im Mordprozess in Helsinki: "Angeklagter, wo waren sie in der Nacht vom 13. November auf den 4. Februar?"

Bei Gericht in Grönland fragt der Staatsanwalt den Angeklagten: "Wo waren Sie in der Nacht vom 18. November zum 16. März?"

---

Sie beleidigen die Würde des Gerichts! Weshalb erscheinen Sie in Frauenkleidern?" "Sie sagten doch, in Sachen meiner Frau!"

---

Wieso gibt es in Wiesbaden eine Giftmüll-Deponie und in Frankfurt so viele Anwälte? Weil Wiesbaden zuerst wählen durfte.

---

Richter zum Angeklagten: "Warum sind Sie in der Seifenfabrik eingebrochen?" "Ach, Herr Richter, mir ging es so dreckig!"

---

"Angeklagter, hatten Sie einen Genossen, als sie den Einbruch ausführten ?" "Nein, Herr Richter, ich war vollkommen nüchtern!"

---

Warum werden seit neuestem zu Forschungszwecken Juristen anstatt Ratten genommen? Weil es Dinge gibt, die die Ratten nicht tun.

---

Was ist das, wenn zwei Anwälte mit ihrem Wagen gegen eine Mauer rasen? Verschwendung. Es hätten vier Anwälte in den Wagen gepaßt.

---

Richter: "Ich spreche Sie hiermit frei von der Anklage, sie hätten die 10.000 DM gestohlen." Angeklagter: "Prima. Darf ich das Geld dann behalten?"

---

Der Angeklagte fragte seinen Anwalt, wie lange die

ganze Angelegenheit wohl dauern werde. Anwalt: "Für mich drei Stunden und für Sie drei Jahre..."

---

Der Richter zum Angeklagten: "Bekennen Sie sich schuldig ?" "Das kann ich zur Zeit noch nicht sagen, muss erst mal hören, was die Zeugen alles wissen."

Richter: "Wo waren Sie in der fraglichen Nacht zwischen 1 Uhr und 4 Uhr?" Angeklagter: "Im Bett." Richter: "Zeugen?" Angeklagter: "Ich habs versucht."

---

Ein Anwalt gewinnt seinen Prozeß und telegrafiert seinem Mandanten: "Die Gerechtigkeit hat gesiegt!". Der Mandant telegrafiert zurück: "Sofort berufen!".

---

Müller zum Richter: "Es ist richtig, daß ich die Klägerin eine fette Gans genannt habe. Damit wollte ich aber ausdrücken, daß ich Sie zum Fressen gern habe!"

---

Der Richter ertappt Gauner Ede mal wieder beim Lügen: "Dass Sie mir überhaupt noch ins Gesicht sehen können!" "Ach Herr Richter, man gewöhnt sich an alles..."

---

"Schämen Sie sich nicht, Angeklagter, in Ihrem Alter noch einen Fernsehapparat zu stehlen?" Angeklagter: "Aber in meiner Jugend, Herr Richter, gab es doch keine!"

---

Der Richter zornig: "Angeklagter, warum erzählen Sie heute einen ganz anderen Sachverhalt als gestern?" Der Angeklagte: "Sie haben mir gestern ja nicht geglaubt!"

---

Richter: "Angeklagter, erst nahmen Sie dem Kläger die Brieftasche weg und dann ohrfeigten sie ihn auch noch! Warum taten Sie das?" "Weil die Brieftasche leer war!"

---

Richter: "Haben Sie den Betrug ganz allein ausgeführt?" "Allein. Ich arbeite immer allein. Bei Kollaboration weiß man nie, ob man es mit ehrlichen Leuten zu tun hat."

Der Richter verurteilt den Angeklagten mit den Worten: "Und nun hoffe ich, Sie das letzte Mal gesehen zu haben." "Wieso, Herr Vorsitzender, gehen Sie etwa in Pension?"

---

Ein Arzt und ein Anwalt treffen sich auf dem Friedhof. Der Arzt an den Anwalt gewandt: "Na, Suchen Sie neue Erbrechtsmandate?" Der Anwalt: "Und Sie, machen Sie Inventur?"

---

Müller geht an Krücken. "Was ist dir denn passiert?" "Autounfall." "Schrecklich. Kannst du nicht mehr ohne Krücken gehen?" "Weiss nicht. Mein Arzt sagt ja, mein Anwalt nein!"

---

Sie werden zu 500 DM Geldstrafe wegen Beamtenbeleidigung verurteilt. Möchten Sie dazu noch etwas sagen?" "Eigentlich ja, Herr Richter. Aber bei den Preisen verzichte ich lieber!"

---

Eine Zeugin erscheint nicht vor Gericht, da sie kurz vor der Entbindung steht. Drei Tage später teilt ihr Anwalt mit: "Frau Schmidthuber hat entbunden. Sie kann jetzt wieder geladen werden."

---

"Pflegt Ihr Freund Selbstgespräche zu führen, wenn er allein ist?" fragt der Vernehmungsrichter die junge Zeugin. "Ich weiß nicht, Herr Richter. Ich war doch noch nie bei ihm, wenn er allein war."

---

"Hast du schon mal vor einem größeren Zuhörerkreis gesprochen?" "Klar, Mann!" "Und über was haste da gesprochen?" "Meine Herren", habe ich gesagt, "glauben Sie mir, ich bin vollkommen unschuldig!"

---

"Was hat Sie veranlaßt, den Angeklagten freizusprechen?", fauchte der Richter die Geschworenen an. "Schwachsinn, euer Ehren !", antwortete ihr Sprecher. Der Richter entsetzt: "Was, sie alle acht???"

Der Richter zum Angeklagten: "Sie sollten langsam versuchen, ein anderer Mensch zu werden!" "Aber das habe ich doch versucht. Es hat mir sechs Monate wegen Urkundenfälschung und Amtsanmaßung gebracht!"

---

Fragt der junge Richter seinen ergrauten Kollegen: "Ich habe da einen Schwarzbrenner, der Zwetschgengeist produziert hat, wieviel soll ich ihm wohl geben?" "Auf keinen Fall mehr als fünf Mark pro Liter!"

---

"Angeklagter, sind Sie eigentlich verheiratet?"
"Ja!" "Mit wem?" "Mit einer Frau!" "Mein Gott, das
ist ja wohl klar!" "So klar ist das nicht, meine
Schwester ist zum Beispiel mit einem Mann
verheiratet!"

---

Richter: "Sind sie sicher, daß das der Mann ist,
der ihnen die Brosche aus ihrer Wohnung geraubt
hat?" Zeugin: "Ja! Ich kann es sogar beweisen: Auf
der linken Arschbacke hat er einen herzförmigen
Leberfleck!"

---

Der Richter fragt: "Herr Verteidiger, haben Sie
noch etwas zugunsten des Angeklagten
vorzubringen?" "Ja, Euer Ehren, mein Mandant ist
schwerhörig und kann daher auch nicht die Stimme
seines Gewissens hören!"

---

"Angeklagter, warum habe Sie das Auto
gestohlen?" "Ich mußte ganz schnell zur Arbeit,
Herr Richter." "Da hätten sie doch ebenso gut einen
Bus nehmen können." "Tut mir leid, für Busse habe
ich keinen Führerschein!"

---

Drei Männer vor dem schielenden Richter. Der
Richter zum ersten: "Wie heißen Sie?" Der zweite:
"Erwin Schabulke." Der Richter zum zweiten: "Sie
habe ich noch gar nicht gefragt!" Der
dritte: "Ich habe doch gar nichts gesagt."


Richter zum Zeugen: "Wie weit waren Sie von der
Unfallstelle entfernt?" "18,72 Meter." "Wieso
können Sie das so exakt angeben?" "Ich habe sofort
nachgemessen, weil ich dachte, irgend so ein Idiot
wird mich sicher danach fragen!"

---

Vorsitzender: "Erkennen sie in dem Angeklagten den Mann wieder, der Ihnen Ihr Auto gestohlen hat?" Zögert der Zeuge: "Nach der Rede des Herrn Verteidigers bin ich mir nicht mehr sicher, ob ich überhaupt jemals ein Auto besessen habe."

---

Richter: "Wann haben Sie denn gemerkt, dass das Grundstück bewacht war?" Angeklagter.: "Als ich die Zähne von dem Dobermann in meinem Hintern spürte!" Darauf wendet sich der Richter an den Zeugen und fragt: "Stimmt das, Herr Dobermann?"

---

Richter: "Ihr Name?"

Zeugin : "Maria Müller."

Richter: "Ihr Beruf?"

Zeugin: "Hausfrau."

Richter: "Ihr Alter ?"

Zeugin: "29 Jahre und ein paar Monate."

Richter - leicht grollend: "Hm, wieviele Monate?" Zeugin leise verschämt: "138 ..."

---

"Ihr Hund hat den Briefträger gebissen", klagt der Richter an. "Ausgeschlossen", verteidigt sich Müller, "unser Hund tut keiner Fliege was zuleide!" "Das glaube ich gerne", meint der Richter, "Fliegen sind ja auch flinker als Postboten."

---

Richter: "Ich verurteile Sie hiermit zu 2.000 DM Geldstrafe, weil Sie unseren Herrn Minister als einen ausgesprochenen Idioten beschimpften. Wollen Sie noch etwas hinzufügen?" "Im Prinzip schon, aber dafür reicht mein Geld nicht mehr."

---

Eine ältere Dirne steht vor Gericht. Der Richter

weiß nicht, welche Strafe er ihr verpassen soll. Er ruft einen befreundeten Kollegen an: "Was würden Sie einer fünfzigjährigen Prostituierten geben?" "Ich? Höchstens zwanzig Mark, mein Lieber!"

---

Soso, Sie behaupten also, mit Ihrem Auto nicht die zulässige Höchstgeschwindigkeit überschritten zu haben. Wie wollen Sie das denn beweisen?" "Das kann ich sehr wohl beweisen, Herr Richter: Ich befand mich gerade auf dem Weg zu meiner Schwiegermutter!"

---

"Weshalb sitzen Sie?" fragte der Gefängnisarzt. Der Neuangekommene zuckte die Achseln: "Manöver der Konkurrenz." "Wieso denn Konkurrenz?" wollte der Arzt wissen. "Ja", erklärte der Gefangene, "ich habe dieselben Fünfmarkstücke angefertigt wie der Staat!"

---

"Also sie geben zu, daß sie der Vater dieses Kindes sind" fragt der Richter den Mann. "Ja, selbstverständlich" antwortet der. "Gut" darauf der Richter "dann müssen wir ja nur noch das Bezahlen regeln." "Aber ich bitte sie" winkt der Mann ab, "dafür möchte ich doch nichts haben!"

---

Zwei Mütter unterhalten sich über ihre jugendlichen

Sprösslinge: "Was will ihr Sohn den später einmal werden?" "Rechtsanwalt. Er streitet gerne, mischt sich ständig in anderer Leute Angelegenheiten ein und weiß immer alles besser. Da habe ich ihm geraten, er soll sich das bezahlen lassen."

---

Statt Ratten sollen jetzt Juristen als ersuchstiere eingesetzt werden. Die Sache hat nämlich einen entscheidenden Vorteil: Selbst die abgebrühtesten Wissenschaftler möchten Ratten nicht alles antun.

Allerdings hat sie auch einen Nachteil: Die Ergebnisse lassen sich schlechter auf Menschen übertragen...

---

Die Grenze zwischen Himmel und Hölle war von Unbekannten beschädigt worden. Der Teufel schickt folgendes Telegramm an die Engel: "Unsere Rechtsanwälte hier unten meinen, dass der Himmel die Reparatur vornehmen muss." Die Engel antworten: "Müssen wir wohl. Können nämlich hier oben keinen Rechtsanwalt finden..."

---

Besuchstag im Untersuchungsgefängnis. Ein altes Mütterchen sitzt ihrem Sohn gegenüber: "Hättest du doch nur auf mich gehört, mein Junge. Wie oft habe ich dir ins Gewissen geredet? Wie oft habe ich dich angefleht, endlich die rostige Knarre wegzuwerfen und dir ein modernes Schnellfeuergewehr zu kaufen?"

---

Ein Rechtsanwalt hatte einen Mandanten in einem Skandalprozeß erfolgreich verteidigt. Auf einer Party danach sprach ihn eine entrüstete Frau an: "Für Sie ist wohl kein Delikt zu gemein, so abscheulich, so unerhört, daß Sie nicht die Verteidigung übernehmen wollten!" "Kommt drauf an" sagte der Anwalt, "was haben Sie denn ausgefressen?"

---

Heini, Gerd und Emil sind zum Vaterschaftsprozeß vorgeladen. Heini: "Ich habeeine Prima Idee: Wenn wir alle die Vaterschaft anerkennen, kann uns gar nichts passieren." Die beiden anderen stimmen begeistert und erleichtert zu. Als erster muß Heini vortreten. "Erkennen Sie die Vaterschaft an?" "Jawohl Herr Richter." "Die Verhandlung ist somit geschlossen."

---

Der Richter fragte den Landstreicher: "Wann arbeiten Sie eigentlich?" "Ach, hin und wieder." "Und was arbeiten Sie?" "So dies und jenes." "Und wo arbeiten Sie?" "Hier und dort." "Haben Sie vielleicht einen Wohnsitz?" "Mal ja, mal nicht." "Dann" sagte der Richter, "werde ich Sie jetzt erstmal einbuchten." "Und wann komme ich wieder raus?" "Früher oder später !"

---

Mandelstamm hat eingebrochen. Er steht vor Gericht. "Eines verstehe ich nicht", sagt der Richter, "in der Wohnung lagen unverschlossene Wertgegenstände umher. Wieso haben Sie nur solchen wertlosen Krempel mitgenommen?" Der Einbrecher: "Herr Richter, ich halte es nicht mehr aus! Meine Frau hat mir wirklich schon genug zugesetzt deswegen- und jetzt fangen Sie auch noch damit an!"

---

Mit seinem Anwalt geht der Mandant noch einmal die Abrechnung durch. "Nichts gegen die Spesen für das Mittagessen", sagt er, "obwohl ich eigentlich dachte, Sie hätten mich eingeladen. Aber was soll denn das hier: Beratung bei Arbeitsessen - 50 Mark?" "Erinnern Sie sich denn nicht mehr?", will der Anwalt wissen, "da habe ich Ihnen doch zu den gedünsteten Krevetten in Madeira geraten."

---

Der Richter zur Angeklagten: "Sie werden beschuldigt, das Opfer tätlich angegriffen und schwer verletzt zu haben, was sagen sie dazu?" "Ich bin unschuldig, Euer Ehren, ich musste einfach zuschlagen, weil mich der Kerl obszön beschimpfte." "Was hat er denn gesagt?" "Er nannte mich eine billige Fünf-Marks-Hure." "Und womit haben sie dann zugeschlagen?" "Mit einem Sack Fünfmarkstücke!!!"

---

Verlegen sitzt die Frau beim Anwalt: "Ich will mich scheiden lassen." Fragt der Anwalt: "Und der Scheidungsgrund?" "Ach, mein Mann ist 200 Prozent impotent." "Sie meinen total impotent", korrigiert der Anwalt. "Nein, ich meine 200 Prozent

impotent." "Ja, was meinen Sie denn genau?", fragt der Anwalt. "Ich meine, dass er schon total impotent war. Aber gestern ist er über den Teppich gestolpert und hat sich die Zunge abgebissen."

---

Zwei Anwälte sind auf Löwenjagd in Afrika. Erschöpft von der vergeblichen Pirsch lehnen sie ihre Gewehre an einen Baum, um sich am nahen Bach zu erfrischen. Kaum haben sie das Bachufer erreicht, taucht der Löwe auf und schneidet ihnen den Rückweg zu den Gewehren ab. Sofort fängt einer der Anwälte an, seine Stiefel auszuziehen. Erstaunt fragt der andere: "Glaubst Du etwa, Du kannst einem

Löwen davonlaufen?" "Nein, ich muß nur schneller laufen als du."

---

Im Gerichtssaal. Richter: "Was genau war denn in dem Brief?"

Angeklagter: "Sag ich nicht, Briefgeheimnis!"
Richter: "Was haben Sie demjenigen, den Sie daraufhin angerufen haben wollen, gesagt?"
Angeklagter: "Sag ich auch nicht, Fernmelde-geheimnis."
Richter: "Und wieviel Geld haben sie nun letztendlich bekommen?"
Angeklagter: "Sag ich nicht, Bankgeheimnis!"
Richter:" Nun - dann verurteile ich sie zu 2 Jahren Haft!"

Angeklagter: "Warum das??"

Richter: "Staatsgeheimnis..."

---

Der Verteidiger hält ein flammendes Plädoyer für den Angeklagten und weist die absolute Unschuld seines Mandanten nach. Der Richter ist sichtlich ergriffen: "Ja, Herr Verteidiger, Sie haben völlig recht!" Der Staatsanwalt erhält das Wort, weist dem Angeklagten Punkt für Punkt die abscheuliche Tat nach und fordert die Höchststrafe. Der Richter nickt: "Sie haben voellig recht, Herr Staatsanwalt." Da meldet sich der Schöffe: "Aber Herr Richter, sie können doch nicht beiden gleichzeitig recht geben!" Der Richter: "Tja, da haben Sie auch wieder recht!"

---

Zwei Ballonfahrer haben im dichten Nebel völlig die Orientierung verloren. Plötzlich reißt der Nebel auf, und sie sehen unter sich auf einer Hochfläche einen einsamen Spaziergänger. Einer der Männer im Fesselballon formt die Hände zu einem Trichter und ruft nach unten: "Woo sind wiir hieer?". Der Spaziergänger wirft einen kurzen Blick nach oben und antwortet dann wie aus der Pistole geschossen: "In einem Fesselballon, 30 Meter über der Erde". Dann schließt sich der dichte Nebel wieder. Da meint der eine Ballonfahrer zum anderen:

"Der Mann muß Jurist gewesen sein. Seine Antwort war prompt, völlig richtig und trotzdem zu nichts zu gebrauchen".

---

In Charlotte, NC, kaufte ein Rechtsanwalt eine Kiste mit sehr seltenen und sehr teueren Zigarren und versicherte diese dann, unter anderem, gegen Feuerschaden. Über die nächsten Monate rauchte er die Zigarren vollständig auf und forderte die Versicherung auf, den Schaden zu ersetzen. In seinem Anspruchsschreiben führte der Anwalt aus, dass die Zigarren "durch eine Serie kleiner Feuerschäden" vernichtet worden. Die Versicherung weigerte sich zu bezahlen mitder einleuchtenden Argumentation, dass er dieZigarren bestimmungsgemäß verbraucht habe. DerRechtsanwalt klagte.... und gewann! Das Gericht stimmte mit der Versicherung überein, daß der Anspruch unverschämt sei, doch ergab sich aus der Versicherungspolice, dass die Zigarren gegen jede Art von Feuer versichert seien und Haftungsausschlüsse nicht bestünden. Folglich müsse die Versicherung bezahlen, was sie selbst vereinbart und unterschrieben habe. Statt ein langes und teueres Berufungsverfahren anzustrengen akzeptierte die Versicherung das Urteil und bezahlte 15.000$ an den Rechtsanwalt, der seine Zigarren in den zahlreichen "Feuerschäden" verloren hatte. Nachdem der Anwalt den Scheck der Versicherung eingelöst hatte, wurde er auf deren Antrag wegen24 Fällen von Brandstiftung verhaftet... Unter Hinweis auf seine zivilrecht-liche Klage und seineAngaben vor Gericht wurde er wegen vorsätzlicherInbrandsetzung seines versichertem Eigentums zu24 Monaten Freiheitsstrafe ohne Bewährung und 24.000$ Geldstrafe verurteilt.

---

Lieber guter Weihnachtsmann,
jetzt ist´s soweit, jetzt bist du dran. Mein Chef ist nämlich Rechtsanwalt. Der klagt dich an, der stellt dich kalt. Schon seit vielen hundert Jahren bist du nun durchs Land gefahren, ohne Nummernschild und Licht, auch TÜV und ASU gab es nicht. Dein Schlitten eignet sich nur schwer zur Teilnahme am Luftverkehr. Es wird vor Gericht zu klären sein: Besitzt du einen Pilotenschein? Durch den Kamin ins Haus zu kommen, ist rein rechtlich strenggenommen Hausfriedensbruch - Einbruch sogar, das gibt Gefängnis, das ist klar. Und stiehlst du nicht bei den Besuchen von fremden Tellern Obst und Kuchen? Das wird bestraft, das muss man ahnden, die Polizei lässt nach dir fahnden. Es ist auch allgemein bekannt, du kommst gar nicht aus diesem Land. Wie man so hört, steht wohl dein Haus am Nordpol, also sieht es aus, als kommst du nicht aus der EU, das kommt zur Klageschrift dazu! Hier kommt das

Arbeitsrecht zum Tragen, ein jeder Richter wird sich fragen, ob deine Arbeit rechtens ist, weil du ohne Erlaubnis bist. Der Engel, der dich stets begleitet, ist minderjährig und bereitet uns daher wirklich Kopfzerbrechen, das Jugendamt will mit dir sprechen! Jetzt kommen wir zu ernsten Sachen, wir finden es gar nicht zum Lachen, daß Kindern du mit Schläge drohst, darüber ist mein Chef erbost. Nötigung heißt das Vergehen und wird bestraft, das wirst du sehen, mit Freiheitsentzug von ein paar Jahren, aus ist´s bald mit dem Schlitten fahren. Das Handwerk ist dir bald gelegt, es sei denn dieser Brief bewegt dich, die Kanzlei reich zu beschenken, dann wird mein Chef es überdenken!

---

Verteidiger zu seinem Klienten: "Jetzt können wir nur noch hoffen, dass wir mit einem blauen Auge davon kommen!" Ängstlich zuckt sein Mandant zusammen: "Glauben Sie wirklich, dass es zu einer Schlägerei kommen wird...???

---

So, nachfolgend habe ich mal einige Gesetze aus amerikanischen Bundesstaaten gesammelt. Sie wurden nur ins deutsche übersetzt und nicht im Sinn geändert... Ist ne Menge zu lesen, aber es Lohnt sich. Auf Kommentare habe ich verzichtet, wer will kannsich unter www.szu-online.m-faq.de/files die .pps-datei mit Kommentaren herunterladen ^^

Missouri:
In St. Louis darf die Feuerwehr Frauen nur dann aus brennenden Häusern retten, wenn sie vollständig bekleidet sind.
---
Alabama:
Männer dürfen ihre Ehefrauen nur mit einem Stock prügeln, dessen Durchmesser nicht größer ist als der ihres Daumens.
---
Kalifornien:

In L.A. darf man nicht zwei Babys gleichzeitig in
derselben Wanne baden.

---

Alaska:
In Fairbanks dürfen es Bewohner nicht zulassen,
dass sich Elche auf offener Straße paaren.

---

Arkansas:
Flirten in der Öffentlichkeit in Little Rock = 30
Tage Gefängnis

---

Florida:
Ledige, geschiedene und verwitwete Frauen dürfen
an Sonn- und Feiertagen nicht Fallschirm
springen.

---

Idaho:
In Coeur d´Alene steht Sex im Auto unter Strafe,
Polizisten, die die "Täter" ertappen, müssen vor
der Festnahme jedoch hupen und dann 3 Minuten
warten.

---

Kansas:
In Wichita ist die Misshandlung der
Schwiegermutter kein Grund zur Scheidung.

---

Kentucky:
Frauen dürfen nicht im Badeanzug auf die Straße -
es sei denn, sie wiegen weniger als 42 bzw. mehr
als 92 Kilo, oder sie sind bewaffnet.

Massachusetts:
In Salem dürfen selbst verheiratete Paare nicht
nackt in Mietwohnungen schlafen.

---

Nebraska:
In Hastings müssen Ehepartner beim Sex
Nachthemden tragen.

---

New York:
In Brooklyn dürfen Esel nicht in Badewannen
schlafen (!?)

---
North Carolina:
Paare dürfen nur dann in einem Hotelzimmer
schlafen, wenn die Betten einen Mindestabstand
von 60 Zentimetern haben.
---
Ohio:
In Oxford dürfen sich Frauen nicht vor Bildern,
die Männer zeigen, ausziehen.
---
Oregon:
In Willowdale dürfen Ehemänner beim Sex nicht
fluchen.
---
South Carolina:
Ohne offizielle Erlaubnis darf niemand in
Abwasserkanälen schwimmen.
---
Texas:
In San Antonio ist der Gebrauch von Augen und
Händen beim Flirten illegal.
---
Utah:
In Tremonton ist Sex im Notarztwagen während
eines Rettungseinsatzes verboten.
---
Virginia:
In Lebanon dürfen Männer ihre Ehefrau nicht per
Fußtritt aus dem Bett befördern.

Washington D. C.:
Sex ist nur in der Missionarsstellung erlaubt,
alle anderen Positionen stehen unter Strafe.
---
Wisconsin:
**In Connorsville dürfen Männer nicht ihr Gewehr
abfeuern, während ihre Partnerin einen Orgasmus
hat...**
---
Anniston, Alabama:
Auf der Noble Street dürfen keine Blue Jeans
getragen werden

---
Lee County, Alabama:
Mittwochs nach Sonnenuntergang dürfen keine
Erdnüsse mehr verkauft werden
---
Alaska:
Es ist verboten, lebende Elche aus sich
bewegenden Flugzeugen zu stoßen
---
Tucson, Arizona:
Frauen dürfen keine Hosen tragen
---
Tombstone, Arizona:
Es ist für Personen über 18 Jahre verboten, mehr
als einen fehlenden Zahn beim Lächeln zu
zeigen
---
Prescott, Arizona:
Es ist nicht gestattet, mit dem Pferd die Stufen
des Gerichtsgebäudes hinauf zu reiten
---
Maricopa County, Arizona:
Es dürfen nicht mehr als sechs Mädchen in einem
Haus leben
---
Little Rock, Arkansas:
Sonntags nach 13 Uhr dürfen keine Kühe mehr über
Main Street geführt werden
---

Blythe, California:
Es ist nicht gestattet, Cowboystiefel zu tragen,
wenn man nicht selbst mindestens zwei Kühe
besitzt
---
Long Beach, California:
Auf Minigolfplätzen darf nicht geflucht werden
---
Norco, California:
Wer ein Rhinozeros als Haustier halten möchte,
muß für 100 Dollar eine Lizenz dazu erwerben

---

Palm Springs, California:
Zwischen 16 und 18 Uhr dürfen keine Kamele über
den Palm Canyon Drive geführt werden

---

San Diego, California:
Wer nach dem 02. Februar noch Weihnachtsschmuck
an seinem Haus hat, wird mit einer Geldstrafe von
bis zu 250 Dollar belegt

---

Denver, Colorado:
Es ist verboten, dem Nachbarn einen Staubsauger
auszuleihen

---

Devon, Connecticut:
Nach Sonnenuntergang ist es ungesetzlich,
rückwärts zu laufen

---

New Britain, Connecticut:
Auch auf dem Weg zu einem Einsatz dürfen
Feuerwehrfahrzeuge nicht schneller als 25 Meilen
pro Stunde fahren

---

Florida:
Wird ein Elefant an einer Parkuhr festgebunden,
so ist dafür die gleiche Gebühr wie für ein
Fahrzeug zu zahlen

---

Pensacola, Florida:
Wer sich in downtown Pensacola aufhält, muß
mindestens 10 Dollar bei sich haben

Atlanta, Georgia:
Giraffen dürfen nicht an Telefonmasten oder
Laternen gebunden werden

---

Chicago, Illinois:
Es ist nicht gestattet zu fischen, während man
auf dem Hals einer Giraffe sitzt

---

Eureka, Illinois:
Es ist Männern mit Schnurrbärten verboten, eine

Frau zu küssen

---

Gary, Indiana:
Innerhalb von vier Stunden nach dem Verzehr von
Knoblauch ist es nicht gestattet, ein Kino oder
Theater zu betreten

---

Wichita, Kansas:
**Bevor man die Kreuzung Douglas und Broadway
überquert, müssen Autofahrer aussteigen und drei
Schüsse in die Luft abgeben**

---

Lexington, Kentucky:
Es ist illegal, ein Eis in einer Waffel in der
Tasche zu haben

---

New Orleans, Louisiana:
**Frauen dürfen nur dann Auto fahren, wenn der
Ehemann eine Flagge vor dem Fahrzeug schwenkt**

---

Portland, Maine:
Wer sich auf öffentlichen Straßen aufhält, darf
keine offenen Schnürsenkeln an den Schuhen
haben

---

Ocean City, Maryland:
Während des Schwimmens im Meer darf nicht
gegessen werden

Baltimore, Maryland:
**Es ist verboten, einen Löwen mit ins Kino zu
nehmen**

---

Michigan:
**Frauen dürfen sich nur mit Erlaubnis ihres
Ehemanns die Haare schneiden**

---

Cottage Grove, Minnesota:
**Bewohner von Häusern mit geraden Hausnummern
dürfen ihre Pflanzen nicht an ungeraden Daten**

**gießen**

---

Minneapolis, Minnesota:
Rote Autos dürfen die Lake Street nicht
befahren

---

Helena, Montana:
Es ist nicht gestattet, Gegenstände über die
Straße zu werfen

---

Waterloo, Nebraska:
Friseure dürfen zwischen 7 und 19 Uhr keine
Zwiebeln essen

---

Trenton, New Jersey:
**Der Verzehr von Gewürzgurken ist an Sonntagen
untersagt**

---

Cresskill, New Jersey:
Katzen müssen drei Glocken um den Hals tragen, um
Vögel vor ihnen zu warnen

---

Carmel, New York:
**Männer, deren Jacke und Hose nicht zueinander
passen, dürfen sich nicht im Freien aufhalten**

---

Fargo, North Dakota:
**Wer beim Tanzen eine Kopfbedeckung trägt, könnte
mit Gefängnis bestraft werden**


Cleveland, Ohio:
**Um eine Maus zu fangen, bedarf es einer
Jagdlizenz**

---

Clinton, Ohio:
**Es ist nicht gestattet, sich an öffentliche
Gebäude anzulehnen**

---

Paulding, Ohio:
**Ein Polizist darf einen Hund beißen, um diesen
zur Ruhe zu bringen**

---
Hawthahorne, Oklahoma:
Es ist ungesetzlich, eine hypnotisierte Person in ein Schaufenster zu stellen
---
Tulsa, Oklahoma:
**Getränkeflaschen dürfen nur unter der Aufsicht eines zugelassenen Ingenieurs geöffnet werden**
---
Myrtle Creek, Oregon:
Es ist illegal, mit einem Känguruh zu boxen
---
Portland, Oregon:
**Pfeifen unter Wasser ist nicht gestattet**
---
Yamhill, Oregon:
Es ist illegal, die Zukunft vorherzusagen
---
Morrisville, Pennsylvania:
**Frauen benötigen eine Lizenz zum Tragen von Kosmetik**
---
Pittsburgh, Pennsylvania:
**Es ist verboten, auf einem Kühlschrank zu schlafen**
---
Newport, Rhode Island:
**Das Rauchen von Pfeifen nach Sonnenuntergang ist nicht gestattet**


Fountain Inn, South Carolina:
**Pferde müssen zu jeder Zeit mit Hosen bekleidet sein**
---
Memphis, Tennessee:
**Frösche dürfen nach 23 Uhr nicht mehr quaken**
---
LeFors, Texas:
**Es ist verboten, mehr als drei Schluck Bier im Stehen zu trinken**
---

Mesquite, Texas:
Kinder dürfen keinen ungewöhnlichen Haarschnitt
haben

---

Monroe, Utah:
**Zwischen zwei Tänzern muß das Tageslicht zu sehen
sein**

---

Salt Lake County, Utah:
**Man darf die Straße nicht mit einer Papiertüte
betreten, in der eine Violine versteckt wird**

---

Barre, Vermont:
**Alle Einwohner müssen sonntags ein Bad nehmen**

---

Norfolk, Virginia:
Das Bespucken von Seemöwen ist nicht gestattet

---

Wilbur, Washington:
**Das Reiten von häßlichen Pferden ist verboten**

---

St. Croix, Wisconsin:
Frauen dürfen nichts tragen, dessen Farbe Rot
ist

---

Racine, Wisconsin:
Es ist verboten, einen schlafenden Feuerwehrmann
zu wecken

---

Cheyenne, Wyoming:
Die Einwohner dürfen mittwochs nicht duschen

Chico, California:
**Wer innerhalb der Stadt eine atomare Waffe
zündet, wird mit einer Geldstrafe in Höhe
von 500 Dollar belegt**

---

Die Bußgeldstelle Kassel erhielt von einem
Verkehrssünder folgendes Gedicht:

Mit Interesse habe ich Ihr Schreiben gelesen und

streite nicht ab, ich bin es gewesen.
Wies kam liebe Leut, ich sags Euch genau,
in Köln war ich ein paar Tage, bei einer reizenden
Frau. Und hab dann, sonst hätt ich etwas versäumt,
von den schönen Tagen geträumt. Plötzlich ging es
bergab, ich war ganz verwundert, ich wurde immer
schneller und oben stand „Hundert".
Und plötzlich glaubte ich *es klingt wie ein
Witz-, es kommt ein Gewitter, denn ich sah einen
Blitz. Nach Ihrem Schreiben ist mir nun klar,
dass es kein Gewitter, sondern Eure Kontrolle
war. Auf die Strafe dafür warte ich nun geduldig,
mit einem Wort, ich bekenne mich *schuldig".
21 Kilometer zu schnell, einen jeden kann´s
treffen, ich sehe es ein, es war ein Verbrechen.
Trotzdem bitte um Freispruch, ich sag´s ganz
formal, ein Mann der glücklich ist, ist nicht
normal.

Die Antwort des Sachbearbeiters aus Kassel:

Ist der Reim auch noch so gut gelungen, zum Bußgeld
seh ich mich gezwungen. Kommen Sie wieder mal von
dieser Frau, nehmen Sie den Zug, seien Sie schlau.

---

Der neue Buchhalter ist den ersten Tag im Dienst.
Nachdem er ins Büro gekommen ist, fällt ihm der
Kopf auf den Tisch, und er schläft sofort ein.
Gegen Mittag wecken ihn die Kollegen: "Aufstehen,
es ist Mittagszeit." Der Buchhalter hebt nur
mühsam den Kopf und sagt: "Nein, nein, ich esse
heute nicht, ich arbeite durch."


Woran erkennt man das ein Jurist lügt?
- er bewegt die Lippen!

---

Was sind hundert Juristen auf dem Meeresgrund?
Ein guter Anfang.

---

"Wer die Gesetze nicht kennt, bringt sich um das Vergnügen, gegen sie zu verstoßen."

---

Paraphrase von Jean Genet (1910-1986) zu einem Zitat von Johann Wolfgang von Goethe (1749-1832): "Wenn man alle Gesetze studieren wollte, so hätte man gar keine Zeit, sie zu übertreten."

---

Die ältere und nicht mehr gerade liebreizende Anwältin hält ein brillantes Plädoyer für den schönen Gentleman-Einbrecher. Ein Freispruch liegt in der Luft, da läßt sich die Dame zu dem Satz hinreißen: "Ich bin so sehr von der Unschuld meines Mandanten überzeugt, daß ich ihn auf der Stelle heiraten würde." "In diesem Fall möchte ich die Tat doch lieber gestehen", erklärt der Angeklagte daraufhin erschrocken.

---

Ein Angeklagter schickt ein Telegramm an seinen Anwalt: „Sitze in U-Haft. Bitte um Rat." Die Antwort kommt postwendend: „Aussage verweigern. Komme morgen mit Zeugen."

---

"Ein Rechtsanwalt saß im Flugzeug einer Blondine gegenüber, langweilte sich und fragte, ob sie ein lustiges Spiel mit ihm machen wolle. Aber sie war müde und wollte schlafen. Der Rechtsanwalt gab nicht auf und erklärte, das Spiel sei nicht nur lustig, sondern auch leicht: "Ich stelle eine Frage und wenn Sie die Antwort nicht wissen, zahlen Sie mir 5 Euro und umgekehrt." Die Blonde lehnte ab und stellte den Sitz zum Schlaf zurück. Der Rechtsanwalt blieb hartnackig und schlug vor: "OK, wenn Sie die Antwort nicht wissen, zahlen Sie 5 Euro, aber wenn ich die Antwort nicht weiß, zahle ich Ihnen 500 Euro!" Jetzt stimmte die Blonde zu und der Rechtsanwalt stellte die erste Frage: "Wie

groß ist die Entfernung von der Erde zum Mond?" Die Blondine griff in die Tasche und reichte ihm wortlos 5 Euro rüber. "Danke," sagte der Rechtsanwalt, "jetzt sind Sie dran." Sie fragte ihn: "Was geht den Berg mit 3 Beinen rauf und kommt mit 4 Beinen runter?" Der Rechtsanwalt war verwirrt, steckte seinen Laptopanschluss ins Bordtelefon, schickte E-Mails an seine Mitarbeiter, fragte bei der Staatsbibliothek und bei allen Suchmaschinen im Internet. Aber vergebens, er fand keine Antwort. Nach 1 Stunde gab er auf, weckte die Blondine auf und gab ihr 500 Euro. "Danke," sagte sie und wollte weiter schlafen. Der frustrierte Rechtsanwalt aber hakte nach und fragte: "Also gut, was ist die Antwort?". Wortlos griff die Blondine in die Tasche und gab ihm 5 Euro!"
---

In einem Gericht einer kleinen Stadt in den Südstaaten der USA rief der Anwalt des Klägers die erste Zeugin in den Zeugenstand. Eine ältere, großmütterliche Frau. Er ging auf sie zu und fragte sie: "Mrs. Jones, kennen Sie mich?" Sie antwortete: "Ja, ich kenne Sie, Mr. Williams. Ich kenne Sie seit Sie ein kleiner Junge waren und offen gesagt, Sie haben mich sehr enttäuscht. Sie lügen, Sie betrügen Ihre Frau, Sie manipulieren die Leute und reden schlecht über sie hinter deren Rücken. Sie glauben, Sie sind ein bedeutender Mann, dabei haben Sie gerade mal so viel Verstand, um ein paar Blatt Papier zu bewegen. Ja, ich kenne Sie." Der Rechtsanwalt war sprachlos und wusste nicht, was er tun sollte, ging ein paar Schritte im Gerichtssaal hin und her und fragte die Zeugin dann: "Mrs. Jones, kennen Sie den Anwalt der Verteidigung?"

Sie antwortete: "Ja, ich kenne Mr. Bradley seit er ein junger Mann war. Er ist faul, tut aber immer fromm, dabei hat er ein Alkoholproblem. Er kann mit niemandem einen normalen Umgang pflegen und seine Anwalts-Kanzlei ist die schlechteste in der ganzen Provinz. Nicht zu vergessen, er betrügt seine Frau mit drei anderen Frauen, eine davon ist Ihre. Ja ich kenne ihn." Daraufhin rief der Richter die beiden Anwälte zu sich an den Richtertisch und sagte leise zu ihnen: "Wenn einer von euch beiden Idioten die Frau jetzt fragt, ob sie mich auch kennt, schicke ich euch beide wegen Richterbeleidigung für vier Wochen ins Gefängnis!"

---

Das erinnert mich an den Zeugen in einem Zuhälterprozess, der mit Muskel-T-Shirt, Goldkettchen, Sonnenbrille und Kaugummi zu Vernehmung vor der großen Strafkammer erschien. Der erboste Vorsitzende belegte ihn deshalb mit 200 DM Ordnungsgeld. Der Zeuge zückte seelenruhig den Geldbeutel und meinte nur: "Herr Vorsitzender, ich zahle cash!"

---

Treffen sich zwei Juraprofessoren. Fragt der erste:" Na, wie geht es denn deinem Sohn, der studiert doch auch Rechtswissenschaften?" Stöhnt der zweite: "Ach, der Trottel, der! Der ist nun schon zum zweiten Mal durchs Staatsexamen gerasselt, obwohl ich so viel mit ihm gepaukt und ihm alles beigebracht habe, was auch ich weiß." Grinst der erste: "Na, dann wundert es mich nicht: Nemo plus iuris ad alium transferre potest, quam ipse habet!"

"Niemand kann mehr Recht übertragen, als er selbst besitzt." Wenig schmeichelhaft für seinen Kollegen ....


Der Staatsanwalt während der Verhandlung zum Pflichtverteidiger: "Herr Verteidiger, das sind ganz billige Argumente!"Darauf der Anwalt: "Niemand bedauert das mehr als ich, glauben Sie mir, Herr Staatsanwalt!"

---

Hirschfeld steht vor Gericht, weil er gefälschten

Wein verkauft hat. Er verzichtet auf einen Anwalt und verteidigt sich selbst. "Herr Vorsitzender, verstehen Sie etwas von Chemie?" beginnt er sein Plädoyer "Nein, ich bin Jurist" antwortet der Amtsrichter verwundert. Daraufhin Hirschfeld zum Sachverständigen: "Herr Professor, verstehen Sie etwas vom Gesetz?" "Nein ich bin wissenschaftlich ausgewiesener Chemiker und kein Jurist," erwidert dieser. Daraufhin der Angeklagte Hirschfeld: "Sehen Sie Herr Richter und von mir verlangen Sie, dass ich mich mit beidem auskenne!

---

Was ist, wenn 10 Juristen bis zum Hals im Sand stecken? Dann hat der Sand nicht gereicht.
---

"Weil sie im Suff ihr Dasein fristen, nennt man sie auch Volljuristen"
---
Richter: "Angeklagter, erkennen Sie diesen Revolver wieder?"
Angeklagter: "Jawohl!"
Richter: "Na endlich! Das wurde ja auch mal Zeit!"
Angeklagter: "Natürlich, Sie haben ihn mir ja letzte Woche in der Verhandlung fast täglich gezeigt!"

---

Verhandlung vor dem Strafgericht. Der Verteidiger erstattet das Eröffnungsplädoyer: "Hoher Senat. Mein Mandant wird ein umfassendes und reumütiges Geständnis abgeben und er bereut zutiefst, die ihm vorgeworfene Tat". Daraufhin der Richter zum Angeklagten: "Und wie bekennen sie sich?"
Angeklagter: "Nicht schuldig Herr Richter!"

---

Ein Arzt, ein Architekt und eine Anwalt streiten in ihrem Rotary-Club darüber, welcher ihrer Beruf der älteste ist. Der Arzt ist felsenfest überzeugt, dass er den ältesten Beruf hat: "Gott schuf Eva, indem er eine Rippe von Adam nahm. Also war Gott selbst Chirurg - und die Ärzte haben den ältesten und damit ehrwürdigsten Beruf der Welt, wie es ihnen auch selbstverständlich zukommt." Der Architekt hält vehement dagegen: "Gott selbst schuf die Welt, davor war nur das CHAOS. Gott selbst war also der erste Architekt - lange bevor Eva aus der Rippe Adams erschaffen wurde! Architekt ist der älteste Beruf der Welt!" Der Anwalt grinst nur, zieht genüsslich an seiner Zigarre und entgegnet: "Das alles ist ja richtig, meine Herren. Aber was glauben Sie wohl, wer das CHAOS erschaffen hat?"

---

Richter nach Verlesung der Anklageschrift: "Angeklagter, ging der Einbruch denn so vor sich, wie ihn der Staatsanwalt eben geschildert hat?" Angeklagter: "Nee, ganz anders, Herr Rat, aber die Methode des Herrn Staatsanwalt ist wirklich auch nicht schlecht."

---

Zwei Männer treffen sich auf der Straße. "Heute morgen war es aber eisig kalt!" "Wie kalt war es denn?" "Ich weiß es nicht genau, aber ich habe einen Anwalt gesehen, der seine Hände in den eigenen Taschen hatte."


Gerichtsverhandlung nach einem Unfall zwischen einem Auto und einem Reiter auf seinem Pferd, dem Kläger. Der Anwalt des Autofahrers fragt den Kläger: "Ist es richtig, daß Sie nach dem Unfall zu meinem Mandanten gesagt haben, sie seien nicht verletzt?" "Natürlich habe ich das gesagt, aber dazu müssen Sie wissen, wie sich die Sache abgespielt hat: Also, ich reite mit meinem Gaul ruhig die Straße entlang. Da kommt das Auto angerast und wirft uns in den Graben. Das war vielleicht ein Durcheinander, das können sie sich nicht vorstellen. Ich lag auf dem Rücken, die Beine in die Luft - und mein braves altes Pferd auch. Da steigt der Fahrer aus, kommt auf uns zu und sieht, dass mein Pferd sich ein Bein gebrochen hat. Darauf zieht er wortlos eine Pistole und erschießt es. Danach sieht er mich an und fragt: "Sind sie auch verletzt?" - Nun frage ich Sie, Herr Rechtsanwalt, wie  hätten sie geantwortet?"

---

Erst wenn der letzte Programmierer eingesperrt und die letzte Idee patentiert ist, werdet ihr merken, dass Anwälte nicht programmieren können.

---

Ein Richter, ein Staatsanwalt und ein Strafver-teidiger springen gleichzeitig aus dem Fenster. Frage: Wer schlägt als erstes auf? Antwort: das weiß man nicht, denn der Richter kann sich wie immer        nicht           entscheiden!!!

---

Ein Steuerfahnder, ein Finanzbeamter und ein Richter springen aus dem 10ten Stock, um Selbstmord zu begehen. Wer kommt zuerst unten an? Wen interessiert es.

---

Wenn ein Anwalt und ein Politiker gleichzeitig ertrinken würden, und sie nur einen retten könnten. Was würden Sie tun? Essen gehen oder die Zeitung lesen?

---

Wie nennt man einen ehrlichen Anwalt? Antwort: Ein Ding der Unmöglichkeit.

---

Beim Examen wird der angehende Jurist gefragt: "Was ist die Strafe für Bigamie?" Erwidert der: "Zwei Schwiegermütter..."

---

Der Amtsrichter stolpert und fällt über die

Schwelle in den Sitzungssaal. Sagt der
Staatsanwalt: "Bleib nur liegen, das Landgericht
hebt Dich schon wieder auf."

---

Vor amerikanischen Gerichten: Ein Anwalt befragt
einen Gerichtsmediziner.

F: Erinnern Sie sich an den Zeitpunkt der Autopsie?

A: Die Autopsie begann gegen 8:30 Uhr.
F: Mr. Denningten war zu diesem Zeitpunkt tot?
A: Nein, er saß auf dem Tisch und wunderte sich,
warum ich Ihn autopsiere.

Diese Spitze überhört der Anwalt noch taktvoll,
fragt aber unverdrossen weiter...

F: Doktor, bevor Sie mit der Autopsie anfingen,
haben Sie da den Puls gemessen?
A: Nein.
F: Haben Sie den Blutdruck gemessen?
A: Nein.
F: Haben Sie die Atmung geprüft?
A: Nein.
F: Ist es also möglich, dass der Patient noch am
Leben war, als Sie ihn autopsierten?
A: Nein.
F: Wie können Sie so sicher sein, Doktor?
A: Weil sein Gehirn in einem Glas auf meinem Tisch
stand.
F: Hätte der Patient trotzdem noch am Leben sein
können?
A: Ja, es ist möglich, dass er noch am Leben war
und irgendwo als Anwalt praktizierte.

Diese Antwort hat dem Arzt 3.000 Dollar Strafe
wegen Beleidigung der Anwälte eingebracht. Er hat
sie angeblich wortlos, aber mit Genugtuung bezahlt.

---

**Kommt ein Kunde in eine Tierhandlung und möchte
einen Papagei erwerben. Der Tierhändler hat 3 Vögel
vorrätig. Der Kunde fragt den Händler, was der
linke Vogel kosten soll. Der Verkäufer antwortet: "**

Das ist ein besonderes Tier, das kostet 500 Euro, es kann das gesamte BGB auswendig"´. Daraufhin fragt der Kunde, was der rechte Vogel kosten soll. Hierauf antwortet der Händler: "1.000 Euro, denn dieser kann sogar den ganzen Palandt auswendig". Dem Kunden ist dies zu teuer und er erkundigt sich nach dem Preis des mittleren Vogels, der recht unansehlich mit gerupftem Federkleid auf seiner Stange sitzt. Der Händler antwortet: "Oh, das ist der teuerste von allen, der kostet 2.000 Euro". Der Kunde ist beeindruckt und fragt voller Erwartung nach dessen Fähigkeiten. Der Händler sagt hierzu lediglich: " Dieser Vogel kann und sagt nichts. Dafür reden die beiden anderen Vögel ihn aber mit Herr Vorsitzender an!"

---

Anmerkung: Um diesen Witz richtig genießen zu können, muß man wahrscheinlich selbst in einer Kammer oder einem Senat der deutschen Justiz tätig gewesen sein...

---

Ein Mann auf dem Sterbebett beschließt, sein Geld mit ins Grab zu nehmen. Er ruft seinen Arzt, seinen Pfarrer und seinen Anwalt und übergibt jedem DM 50.000,-- in bar, mit der Auflage, das Geld bei seiner Beerdigung ins sein Grab zu werfen. Bei der Beerdigung wirft jeder der drei Herren einen Umschlag in das Grab. Als sich die Herren auf dem Heimweg vom Friedhof befinden, bricht der Pfarrer gramgebeugt sein Schweigen und sagt: "Ich muß gestehen, ich habe nur DM 40.000,-- in das Grab geworfen, für DM 10.000,00 habe ich einen neuen Altar für meine Kirche gekauft." Darauf der Arzt: "Ist nicht so schlimm. Ich habe nur DM 30.000,-- ins Grab geworfen, für DM 20.000,-- habe ich für unsere Klinik ein neues Röntgengerät gekauft." Der Anwalt: "Meine Herren, ich bin zutiefst erschüttert. Ich habe dem Verblichenen selbstverständlich einen Scheck über die volle Summe ins Grab geworfen."

---

Frage: Was unterscheidet einen Juristen von einer Ente?

Antwort: Nichts

Erklärung : Die Ente kann laufen, fliegen, tauchen, schwimmen und singen -- nur gemessen an anderen Kreaturen nichts richtig gut

---

Ein Ingenieurstudent und ein Jurastudent treffen sich: Fragt der Ingenieurstudent: "Wie spät ist es?" Antwortet der Jurastudent: "Dezember!" Sagt der Ingenieurstudent: "Oh, bitte! Keine Einzelheiten!" Sagt der Jurastudent: "Okay! Wintersemester!"

---

Ich rätsle noch, was uns dieser Witz genau sagen will. Für Vorschläge bin ich dankbar.

---

Ein junger erfolgreicher Anwalt hält mit seinem Porsche am Straßenrand und öffnet sehr unvorsichtig die Tür. Die Tür wird von einem vorbeifahrenden Lkw abgerissen. Der Anwalt steigt aus und hüpft aufgeregt von einem Bein auf das andere: "Mein Porsche, mein neuer Porsche!" Inzwischen ist ein Polizist am Unfallort eingetroffen und meint kopfschüttelnd zum Anwalt: "Ihr Anwälte seid so materialistisch, dass Sie vor lauter Aufregung über ihren beschädigten Porsche gar nicht gemerkt haben, dass ihnen der Laster den ganzen Arm abgerissen hat!" Entsetzt blickt der Anwalt auf seinen Armstumpf: "Meine Rolex, wo ist meine schöne Rolex!"

---

"Das Einzige, das ich von Anwälten verlange, ist, dass sie bei Sonnenaufgang wieder in ihren Särgen liegen."

----

Kommt ein Vater in ein Spielzeuggeschäft und will eine neue Barbie-Puppe für seine Tochter kaufen. Die Verkäuferin zeigt ihm einiges aus der Auswahl, nennt die Preise. "Hier haben wir die Reiter-Barbie, mit Kappe und Gerte - kostet 25 Mark." - "Hm", sagt der Mann - "was haben Sie sonst noch?" - "Da wär' noch unsere Schwimm-Barbie; die hat einen Bikini an und 'ne Sonnenbrille ... zum Preis von 29 Mark." Der Vater schaut sich weiter um. "Und dann hätten wir hier noch unsere geschiedene Barbie, die kostet allerdings 240 Mark." - Der Mann traut seinen Ohren nicht. "240 Mark für 'ne Barbie-Puppe, das kann doch nicht wahr sein!" - Die Verkäuferin: "Doch, doch, aber bei dem Preis ist auch das Haus, das Boot und das Auto von KEN dabei ..."

---

Wenn es keine Anwälte gäbe, bräuchten wir auch keine....

---

Kommt ein Mann zum Anwalt: "Was nehmen Sie denn so an Gebühren?" Darauf der Anwalt: "45.000 DM für drei Fragen." Der Mann: "Finden Sie das nicht total überteuert?" Anwalt: "Doch. Und wie lauten die anderen beiden Fragen?"
Eine Hausfrau, ein Buchhalter und ein Anwalt werden gefragt, wieviel 2+2 ist. Die Hausfrau antwortet "Vier!". Der Buchhalter sagt: "Ich denke, entweder 3 oder 4. Laß mich noch mal mit dem Taschenrechner nachrechnen!" Der Anwalt fragt als erstes: "Wieviel wollen Sie, daß es ist?"

---

Was ist der Unterschied zwischen einem überfahrenem Stinktier und einem Anwalt? Vor dem Stinktier sind Bremsspuren                ...

---

Zwei Männer fahren im Zug und schauen aus dem Fenster. Als eine Schafherde auf der Weide zu sehen ist, sagt der Nicht-Jurist: "Schauen Sie mal, eine Schafherde - und alle Tiere sind frisch geschoren."

Antwortet der Jurist: "Die Schafherde sehe ich wohl, aber daß alle frisch geschoren sind, kann ich so nicht bestätigen - ich sehe ja nur die uns zugewandte Seite der Tiere!"

---

Nicht alle Mandanten sind Milchkühe, sondern eher arm wie Kirchenmäuse. Deshalb verstehen sich Anwälte auch auf's Mäusemelken.

---

Einem Medizinstudenten und einem Jurastudenten wird von ihren Professoren aufgegeben, für die mündliche Prüfung das örtliche Telefonbuch auswendig zu lernen. Der angehende Mediziner erkundigt sich: "Bis wann?" Der Jurist hingegen fragt: "Warum?"

---

Ein guter Manager findet für jedes Problem eine Lösung. Ein guter Jurist findet für jede Lösung ein Problem.


Wie man als Verteidiger zuviel fragt: Herr, Zeuge, haben Sie gesehen, wie der Angeklagte dem Opfer das Ohr abgebissen hat? Nein! Was haben Sie denn dann gesehen? Wie er es wieder ausgespuckt hat!

---

Ein Unternehmer bekommt von seinem Anwalt eine gepfefferte Rechnung. Wütend beschwert er sich: "Sie haben mir für die kurze Beratung vergangene Woche eine ganz unverschämte Rechnung geschickt! Ich verlange eine genaue Spezifizierung." Antwort des Anwalts: "Ganz einfach. Die Rechnung setzt sich zusammen aus dem Honorar für 1 Stunde Beratung und dem Honorar für 30 Jahre Berufserfahrung."

---

Was ist der Unterschied zwischen Gott und einem

Juristen? Gott denkt nicht er sei Jurist.

---

Geht ein Bauer wegen eines Nachbarstreits zum Anwalt. Kurz nachdem er angefangen hat, den Sachverhalt zu schildern, unterbricht ihn seine Frau, die mitgekommen ist mit den Worten: "Sag´ dem Herrn Anwalt ruhig die Wahrheit. Er wird Dir schon sagen, wo Du vor Gericht lügen mußt".

---

Zwei Anwälte sind auf Löwenjagd in Afrika. Erschöpft von der vergeblichen Pirsch lehnen sie ihre Gewehre an einen Baum, um sich am nahen Bach zu erfrischen. Kaum haben sie das Bachufer erreicht, taucht der Löwe auf und schneidet ihnen den Rückweg zu den Gewehren ab. Sofort fängt einer der Anwälte an, seine Stiefel auszuziehen. Erstaunt fragt der andere: "Glaubst Du etwa, Du kannst einem Löwen davonlaufen?" "Nein, ich muß nur schneller laufen als du."

---

*Über die Anwälte im chinesischen Kaiserreich:*
"Die einzigen Personen, die vielleicht mit unseren Anwälten verglichen werden können, sind die berufsmäßigen Gesuchschreiber. Das ist eine Sorte von Menschen, die in der chinesischen Gesellschaft kein sehr hohes Ansehen genießen. Meistens handelt es sich dabei um Studenten, die in den wissenschaftlichen Prüfungen durchgefallen sind und denen der Eintritt in die Beamtenlaufbahn versperrt ist, sodaß sie sich mit dem Aufsetzen von Klage- und Verteidigungsschriften gegen geringe Bezahlung kümmerlich durchs Leben schlagen müssen".

Aus dem Nachwort des niederländischen Diplomaten und Sinologen Robert van Gulik zu den von ihm übersetzten chinesischen Kriminalgeschichten "Merkwürdige Kriminalfälle des Richters Di", 1998, Zürich, S. 360.

---

Aus einer Kabinettsorder des preußischen Königs Friedrich Wilhelm I. vom 15.12.1726:

"Wir ordnen und befehlen hiermit allen Ernstes, daß die Advocati wollene schwartze Mäntel, welche bis unter das Knie gehen, unserer Verordnung gemäß zu tragen haben, damit man diese Spitzbuben schon von weitem erkennt".

Der Soldatenkönig, der sich durch zahlreiche Eingaben und Memoranden der Anwälte belästigt fühlte, in einem weiteren Edikt vom 16.11.1739:

"Wir alsdann einen solchen Advocaten, oder Procurator, oder auch Concipienten eines solchen Memorials, ohne Gande und Pardon aufhängen, und, zu mehrem Abscheu, neben ihm einen Hund hängen lassen wollen".

(Quelle: Nentwig, Rechtsanwälte in Karikatur und Anekdote, 3. Aufl., Köln, 1980, S.- 18 f.)

---

Im Vaterschaftsprozess: "Nun Frau Zeugin, wer von den anwesenden Herren war denn nun der Erzeuger ihres Kindes?" "Aber Herr Richter, ich kann mich doch nicht jedesmal umdrehen, wenn ich gerade am Aufwischen bin."

---

Nach der Hauptverhandlung vor der großen Strafkammer sagt der junge Verteidiger bedauernd zu seinem soeben verurteilten Mandanten: "Es tut mir leid, daß ich nicht mehr für sie erreichen konnte". Der entgegnet trocken: "Das macht nichts, Herr Rechtsanwalt. Drei Jahre genügen mir vollkommen".

---

Bei einem Zivilprozeß in Stuttgart fragt der Richter den Zeugen: "Sind Sie mit dem Beklagten irgendwie befreundet? Der antwortet: "Nein, wir sind seit zehn Jahren Geschäftspartner".

---

Telegramm des Anwalts an den Mandanten: "Die gerechte Sache hat gesiegt..!" Rücktelegramm des Mandanten: "Sofort Berufung einlegen..!"

---

Im Examen sagt der Strafrechtsprofessor: "Dieser Fall ist schwierig und wurde bereits vom BGH entschieden. Wir sollten trotzdem die richtige Lösung suchen...."

---

Ein Obdachloser steht wegen eines Diebstahls vor Gericht. Auf die Frage des Richters, was er von Beruf sei, antwortet der Obdachlose: "Arbeitgeber, Herr Rat!" Darauf donnert es zurück: "Ha, wem werden Sie schon Arbeit geben.......?" Treuherzig entgegnet der Obdachlose: "Ihnen zum Beispiel!"

---

"Das haben wir gleich", sagte der Anwalt und meinte das Geld seines Mandanten.


Der Richter fragt die scheidungswillige Ehefrau: "Seit wann ist denn Ihre Ehe zerrüttet?" Antwort: "Eigentlich schon von Anfang an, als er unbedingt mit auf's Hochzeitsfoto wollte!"

---

Die wichtigste Zeugin kann zur Gerichtsverhandlung nicht erscheinen, weil sie hochschwanger ist. Der Richter vertagt die Sitzung und vefügt nach zwei Monaten: *Die Zeugin hat entbunden. Sie kann jetzt wieder neu geladen werden.*

---

Zwei Bundesrichter gehen in der Mittagspause im Park spazieren. Plötzlich kommt ein junger Mann atemlos auf sie zugestürzt und wirft einem der Juristen vor: "Ihr Hund hat soeben meine Hose zerrissen." Der gibt ihm ohne große Diskussion 200

Mark für den Kauf einer neuen Hose. Als der junge Mann wieder weg ist, fragte der Kollege erstaunt: "Seit wann hast du denn einen Hund?" Der Bundesrichter antwortet: "Ich habe keinen Hund. Aber man weiß ja nie, wie die Gerichte entscheiden."

---

Wie sagte der altehrwürdige Vorsitzende Richter des Jugendschöffengerichts in einer schwäbischen Kleinstadt zu dem wegen Diebstahls angeklagten Heranwachsenden, als er erfuhr, daß dieser inzwischen als Wachmann in einem Kernkraftwerk arbeitet? "Da hat man ja auch den Bock zum Gärtner gemacht" Der Angeklagte stellte selbstverständlich *keinen* Befangenheitsantrag.

---

Ein Strafrichter ist Vater von Vierlingen geworden. Er stöhnt verzweifelt: "Ich glaube, ich werde das Verfahren einstellen müssen."


Der Teufel erscheint einem Rechtsanwalt und schlägt ihm folgendes Geschäft vor: "Ich werde dich zum erfolgreichsten Anwalt der Stadt machen. Du wirst vier Monate Urlaub im Jahr haben. Alle Kollegen werden dich beneiden, die Mandanten und Richter werden dich respektieren. Du wirst Präsident deines Golfclubs und Ehrendoktor der Universität. Als Gegenleistung sollen aber die Seelen deiner Eltern, deiner Frau und deiner Kinder auf ewig in der Hölle schmoren." Der Anwalt überlegt kurz und fragt dann: "Und wo ist der Haken an der Sache?"

---

Was spricht dafür, daß Wissenschaftler ihre Laborversuche in Zukunft mit Rechtsanwälten statt mit Ratten durchführen?
1. Es gibt mehr Rechtsanwälte.
2. Es gibt Dinge, die nicht einmal Ratten tun würden.

3. Es ist weniger wahrscheinlich, daß das Laborpersonal Sympathien oder Mitleid für für die Versuchsobjekte entwickelt.
4. Rechtsanwälte sind für die Gesellschaft schädlicher.
5. Rechtsanwälte vermehren sich schneller.

Und was spricht dagegen? Die Versuchsergebnisse können nur ungleich schwerer auf Menschen bertragen werden.

Ein besonderes gemeiner Juristenwitz aus den Vereinigten Staaten, der dort in zahlreichen Varianten kursiert. Er ist - wie viele amerikanische Juristenwitze - mit der hohen Anwaltsdichte und dem oft zweifelhaften Honorargebaren der dortigen Anwälte zu erklären und kann auf deutsche Verhältnisse nicht übertragen werden.

---

Ein Russe, ein Kubaner, ein Amerikaner und ein Anwalt sitzen gemeinsam in einem Zugabteil. Der Russe nimmt eine Flasche Wodka aus seinem Koffer, trinkt einen Schluck und sagt: "Wir haben in Rußland den besten Wodka der Welt. Und wir haben soviel davon, daß wir ihn sogar wegkippen können." Er öffnet das Fenster und wirft die angebrochene Flasche hinaus. Die Mitreisenden sind beeindruckt. Als nächstes holt der Kubaner eine Kiste edle Havannas aus der Tasche, zündet sich eine an und sagt: "Wir haben in Kuba die besten Zigarren der Welt und wir haben soviel davon, daß wir sie wegwerfen können." Er öffnet das Fenster und wirft die angebrochene Kiste hinaus. Die Mitreisenden sind gebührend beeindruckt. Dann steht der Amerikaner auf, öffnet wortlos das Fenster und wirft den Anwalt hinaus.

---

Der Vorsitzende der Strafkammer macht einem Zeugen wieder einmal einen ausschweifenden Vorhalt aus den Akten. Da meldet sich der Verteidiger: "Ich beantrage, den Herrn Vorsitzenden auf diesen Vorhalt hin zu vereidigen."

---

Warum fressen Geier keine toten Rechtsanwälte? Es gibt Dinge, die sogar Geier verabscheuen.

---

Der Richter fragt die Zeugin: "Wo lebt ihr Ehemann jetzt?" "Der ist vor zehn Jahren gestorben", antwortet die Zeugin. "Aber Sie sagten doch vorhin, Sie hätten noch kleine Kinder." "Stimmt, Herr Richter. Nur mein Mann ist gestorben - ich nicht."

---

Der Richter redet dem Angeklagten ins Gewissen: "In diese traurige Lage sind Sie nur durch den Alkohol gekommen". Daraufhin meint Angeklagte sichtlich erleichtert: "Und ich dachte schon, ich wäre selbst dran schuldig."


Wie lautet die korrekte Anrede für einen senilen Juristen? Herr Senatsvorsitzender.

---

Was hoch ist das Idealgewicht für einen Anwalt? Drei Kilo - einschließlich der Urne.

---

"Hoffentlich habe ich Sie mit meinen Fragen nicht aus der Fassung gebracht", entschuldigt sich der Richter nach einer Vernehmung höflich bei der Zeugin. "Nein, gar nicht, Herr Richter. Ich bin solche Fragen gewohnt. Ich bin nämlich Kindergärtnerin".

---

Wie lauteten die letzten Worte des Gerichtsvollziehers? "... und die Pistole ist auch gepfändet."

---

Ein stadtbekannter Gauner steht wegen Betruges vor Gericht. Selbstverständlich nimmt er sich den besten und teuersten Strafverteidiger - und wird tatsächlich freigesprochen. Die Honorarrechnung ist allerdings auch gepfeffert. Im Antwortschreiben des Gauners an seinen Verteidiger heißt es: "Sehr geehrter Herr Rechtsanwalt, mit Ihrer Honorarrechnung übertreiben Sie doch ein wenig. Sie haben wohl vergessen, daß ich der Gauner bin und nicht Sie ..."

---

"Sie behaupten also, daß sie ihre Frau heute noch lieben?" fragt der Scheidungsrichter den Ehemann. "Aber ja", strahlt dieser, "wenn es hier nicht so lange dauert und sie gleich mitkommt... "


Was unterscheidet Rechtsanwälte von Sperma? Von 5 Millionen Spermien hat wenigstens eines die Chance, ein anständiger Mensch zu werden.

---

Nach dem endlosen Plädoyer fragt der Anwalt seinen Klienten: "Na, war ich gut?" Knurrt der zurück: "Das schon, aber in der Zwischenzeit hätte ich die Hälfte meiner Strafe absitzen können".

---

Ein mehrfach vorbestrafter Taschendieb wird dem Richter vorgeführt. Der begrüßt ihn mit finsterer Miene: "Ich habe ihnen das letzte Mal doch schon gesagt, daß ich sie hier nie wieder sehen will!" "Das hab ich der Polizei auch schon gesagt, aber die haben mir nicht geglaubt".

---

Wie sagte doch der Strafverteidiger zu seinem

frisch inhaftierten Klienten: "Keine Sorge, ich bekomme Sie frei - und wenn es mich ihren letzten Pfennig kostet!"

---

Richter: "Wir kommen jetzt zur Verlesung des Vorstrafenverzeichnisses". Angeklagter: "Meinetwegen. Nur soll hinterher niemand behaupten, ich hätte die Verhandlung böswillig in die Länge gezogen".

---

"Sie geben also zu, daß sie ihren Ehemann erschossen haben?" "Wissen Sie, Herr Richter, das war so: Mein Mann behauptete, tot umfallen zu wollen, wenn er mich schon einmal betrogen habe. Von allein fiel er aber nicht".

---

Richter: "Das Gericht ist bereit, ihnen einen Pflichtverteidiger zu bestellen".

Angeklagter: "Ein Entlastungszeuge wäre mir lieber!"

---

Der Anwalt beschwichtigt seinen Klienten: "Wenn mich jemand einen Betrüger nennt, dann lasse ich ihn reden und kümmere mich nicht darum". Der Klient entrüstet: "Das ist ja auch etwas völlig anderes. Ich bin schließlich ein ehrlicher Mensch".

---

Der Strafverteidiger zum Klienten: "Dann schildern Sie mir mal die Ereignisse alle der Reihe nach. Für das Gericht bringe ich sie schon wieder durcheinander".

---

"Wann hat ihr Mann aufgehört sie zu lieben?" fragt der Scheidungsrichter. "Schon in der Hochzeitsnacht. Nach popeligen vier Stunden".

---

Was ist der Unterschied zwischen Vampiren und Rechtsanwälten? Vampire saugen nur bei Nacht Blut.

---

Warum wurde noch nie ein Rechtsanwalt von einem Hai angegriffen? Aus beruflicher Kollegialität.

---

Ein Mann kommt in eine Bar und schreit: "Alle Rechtsanwälte sind Arschlöcher!" Sagt ein anderer zu ihm: "Beleidigen Sie mich nicht!" "Sind Sie Rechtsanwalt?" "Nein, ein Arschloch..."

---

Zum Vaterschaftsprozess erscheint die Kindsmutter und Klägerin in Begleitung ihrer Freundin. Der Richter fragt die Freundin: "Haben Sie auch eine Ladung bekommen?" Die Freundin wird knallrot und flüstert ganz verschämt: "Nein Herr Vorsitzender, mich hat er nur geküsst."

Der Richter grübelt über den Akten und fragt: "Sie sollen gesagt haben, der Kläger sei ein ein Betrüger, ein Halsabschneider und Schweinehund. Stimmt das?""Ganz ohne jeden Zweifel stimmt das, Herr Richter - nur gesagt habe ich es nicht."

---

Warum gibt es im Saarland mehr Giftmülldeponien als Anwälte in Hamburg? Das Saarland durfte zuerst wählen, was es haben wollte.

---

Aufgrund wilder Quälerei im Fegefeuer geht die große Mauer kaputt, die den Himmel von der Hölle trennt. Am entstandenen Loch treffen sich Satan und Petrus:

*Satan*: "Ich habe mich mit meinen Anwälten unterhalten und sie sind der Meinung, dass ihr die Mauer wieder Aufbauen müsst."

*Petrus*: "Nun, ich werde mir dann auch mal Rechtsbeistand holen. Du hörst von uns."

Einige Tage später sieht Satan verdutzt, wie sich einige Engel daran machen, das Loch zu flicken. Erstaunt ruft er Petrus an.

*Satan*: "Ihr baut die Mauer einfach so wieder auf? Ohne euch mit uns zu streiten?" *Petrus*: "Naja, die Sache ist die: Ich habe versucht, jemanden zu finden, der uns da weiterhelfen kann; so sehr ich mich aber auch bemühte, ich habe hier im Himmel einfach keinen einzigen Anwalt gefunden."

---

Drei Juristen -- Sieben Meinungen.

---

Eine belebte Straße, ein leichter Auffahrunfall zweier Fahrzeuge: Der schuldige Fahrer steigt besorgt aus und rennt zum anderen Autofahrer: "Oh mein Gott, ist Ihnen etwa etwas passiert? Sie haben großes Glück, ich bin Arzt!" Worauf der unverletzte gegnerische Fahrer kühl antwortet: "Sie haben großes Pech, ich bin Anwalt".

---

"Wenn ich mir über die Verteilung unseres Besitzes klar wäre, würde ich mich scheiden lassen", sagt der Ehemann zum Anwalt. "Aber das ist doch ganz klar", antwortet der. "Ihre Frau bekommt das Haus, Sie den Wagen und ich Ihre Ersparnisse."

---

Richter: "Ich kenne sie doch! Ich habe sie schon tausendmal gesehen! Sie sind doch sicher vorbestraft!" Angeklagter: "Nein. Ich bin Türsteher im Eros-Center..."

---

Im Gerichtssaal. Der Vorsitzende zum Angeklagten: "Sie haben das letzte Wort!" Der Angeklagte darauf:

"Hohes Gericht, meine Damen und Herren, ich bitte das indiskutable Plädoyer des Herrn Verteidigers strafmildernd für mich zu berücksichtigen."

---

"Angeklagter, Sie stehen hier vor Gericht, weil sie eine undefinierbare Flüssigkeit als Lebenselixier verkauft haben. Sind sie eigentlich in dieser Hinsicht schon vorbestraft?" "Ja, einmal 1754 und zum zweiten Mal 1899!"

---

Der Richter: "Die nächste Person, die die Verhandlung unterbricht, wird nach Hause geschickt!" Der Gefangene: "Hurra!"

---

Ja, Herr Richter, ich bin eben ein Pechvogel. Monatelang habe ich gewissenhaft die Unterschrift meines Chefs nachgeahmt und jetzt, da ich es endlich perfekt kann, ist die Firma pleite.

Der Anwalt zum Mandanten: "Wir haben den Prozeß leider verloren. Und nun müssen wir auch noch die Gerichtskosten bestreiten." "In Ordnung", meint der Mandant. "Bestreiten wir sie, denn bezahlen kann ich sie ja sowieso nicht!"

---

Frage des Richters: "Zeuge, woraus schließen Sie, daß sich der Angeklagte in einem betrunkenen Zustand befand?" Antwort: "Er ging in die Telefonzelle, kam nach einer halben Stunde wieder heraus und beschwerte sich, daß der Fahrstuhl nicht funktioniert."

---

Vor Gericht hält ein Verteidiger seinen Schlußvortrag: "Hohes Gericht, prüfen Sie bei der Urteilsfindung sorgfältig jedes Für und Wider. Allein von Ihnen hängt es ab, ob diese junge schöne, temperamentvolle Frau wegen einer

sittlichen Verfehlung hinter Gitter kommt oder
wieder zurückkehren darf in ihre gemütliche Wohnung
in der Lessingstraße 46, zweite Etage links,
Telefon 62 43 57, ich wiederhole: 62 43 57."

---

"Angeklagter, Sie haben also Ihre Frau umgebracht.
Was sagen Sie zu Ihrer Rechtfertigung?" "Herr
Richter, ich werde es nie wieder tun, ehrlich."

---

Richter: "Herr Verteidiger, Sie können sich
kurzfassen, der Angeklagte hat die Tat bereits
gestanden." Anwalt: "Soso, Sie glauben ihm also
mehr als mir?"

---

Ein Mädchen geht am Strand spazieren, als sie
plötzlich eine Stimme hört: "Hey, küß mich! Ich bin
ein verzauberter Anwalt und wenn du mich küßt,
werde ich mich in einen Anwalt zurückverwandeln!"
Das Mädchen schaut in die Richtung, aus der die
Stimme kam und sieht einen Frosch. Sie nimmt den
Frosch und packt ihn in ihre Handtasche. Am Abend
zeigt sie den Frosch einer Freundin. Der Frosch
sagt wieder: "Los, küß mich! Du wirst es nicht
bereuen!" Das Mädchen packt ihn jedoch zurück in
die Tasche. Als sie den Frosch einer weiteren
Freundin zeigt, tönt dieser wiederum: "Warum küßt
du mich nicht? Ich werde dich reich machen!" Aber
das Mädchen tut ihn zurück in ihre Handtasche.
Während sie den Frosch einer dritten Freundin
zeigt, ruft dieser schon sehr ärgerlich:
"Vielleicht verstehst du mich nicht richtig, ich
sagte, ich bin ein verzauberter Anwalt und wenn du
mich küßt, mache ich dich reich!!!" Darauf
antwortet das Mädchen: "Warum sollte ich? Ein
Anwalt ist nichts wert. Es gibt so viele davon.
Aber ein sprechender Frosch ist einfach irre!"

---

Kennst du die Geschichte von dem Luftpiraten, der

ein Flugzeug mit 747 Anwälten gekapert hatte?
Er drohte damit, jede Stunde einen freizulassen,
wenn seine Forderungen nicht erfüllt würden.

---

"Herr Kaufmann", nimmt der Rechtsanwalt den
Beklagten in die Zange, "was verstehen Sie
eigentlich unter Ratenzahlung?" "Darunter verstehe
ich, daß mein Gläubiger raten muß, wann ich zahle,
Herr Anwalt!"

---

"Ich verlange, daß auch der zweite Zeuge meines
Unfalls vernommen wird!" "Es gibt doch nur einen
Zeugen, Angeklagter!" "Ich habe doch aber zwei
gesehen, Herr Richter." "Darum stehen Sie ja auch
vor Gericht."

Am Morgen nachdem ein Anwalt unerwartet verschieden
war, klingelt in seinem Büro das Telefon. "Ist Herr
Meyer da?" fragt die Mandantin am anderen Ende. "Es
tut mir sehr leid, aber Herr Meyer ist letzte Nacht
verstorben." antwortet die Sekretärin. "Ist Herr
Meyer da?" wiederholt die Anruferin. Die Sekretärin
ist perplex. "Vielleicht haben Sie es nicht richtig
verstanden, aber Herr Meyer ist verstorben!" "Ist
Herr Meyer da?" fragt die Mandantin jedoch erneut.
"Hören Sie, verstehen Sie, was ich sage?" erwidert
die Sekretärin, "Herr Meyer ist tot!" "Oh, ich
verstehe Sie ausgezeichnet," antwortet die
Mandantin. "Aber ich kann es einfach nicht oft
genug hören!"

---

Frage: Wie bezeichnet man einen ehrlichen Anwalt?
Antwort: Ein Ding der Unmöglichkeit.

---

Eines Tages entschloß sich Gott mit dem Teufel vor
Gericht zu gehen, um die bestehenden Streitigkeiten
endgültig beizulegen. Als der Teufel das hörte,
lachte er und sagte: "Was glaubst du, wo DU einen

Anwalt finden wirst?"

---

Ein Rabbi, ein Hindu und ein Anwalt fahren spät in der Nacht mit dem Auto. Plötzlich streikt der Motor. Sie steigen aus und machen sich auf die Suche nach Hilfe. Nach einiger Zeit erreichen sie einen Bauernhof. Der Bauer öffnet, erklärt jedoch, daß er nur zwei freie Betten hat und einer von den Dreien deshalb im Stall schlafen müsse. Nach kurzer Zeit einigen sie sich und der Rabbi erklärt sich bereit, im Stall zu schlafen. Zehn Minuten, nachdem er gegangen war, klopft er wieder an die Schlafzimmertür und sagt: "Ich kann nicht im Stall schlafen. Da ist ein Schwein drin und es ist gegen meine Religion mit einem Schwein im selben Raum zu schlafen." Nun geht der Hindu in den Stall. Zehn Minuten später klopft auch er an die Schlafzimmertür und sagt: "Da ist eine Kuh im Stall. Ich kann nicht mit einer Kuh im selben Raum schlafen! Es ist gegen meine Religion!"

Der Anwalt, der nun endlich schlafen möchte, sagt, daß er nun in den Stall gehen werde, da er keine Probleme habe, mit Tieren zu schlafen. Zwei Minuten nachdem er gegangen war, geht die Schlafzimmertür auf und das Schwein und die Kuh kommen herein...

---

Eine Schlange und ein Hase fuhren eines Tages auf sich kreuzenden Waldwegen, bis sie an einer Kreuzung zusammenstießen. Sofort begannen sie, sich gegenseitig die Schuld an dem Unfall zuzuweisen. Als die Schlange erklärte, daß sie von Geburt an blind sei, sagte der Hase, daß auch er von seiner Geburt an mit Blindheit geschlagen sei. Daraufhin vergaßen die beiden Tiere den Unfall und begannen über die Probleme des Blindseins zu diskutieren. Die Schlange sagte, der größte Nachteil sei der Verlust ihrer Identität. Sie sei nicht in der Lage, jemals ihr Spiegelbild im Wasser zu sehen und wisse deshalb nicht, wie sie aussieht und was sie ist.

Der Hase erklärte, daß er genau dasselbe Problem habe und so beschlossen sie, sich gegenseitig zu helfen. Einer sollte den anderen von Kopf bis Fuß abtasten und dann beschreiben, was er gefühlt hat und was der andere für ein Tier ist. Die Schlange war einverstanden und begann, sich um den Hasen zu schlingen. Nach einiger Zeit verkündete sie: "Du hast ein weiches, dichtes Fell, lange Ohren, große Hinterpfoten und einen kleinen Puschelschwanz. Ich denke, du bist ein Hase!" Der Hase war sehr froh, seine Identität gefunden zu haben und begann nun, die Schlange abzutasten. Nachdem er einige Minuten lang den Körper der Schlange betastet hatte, sagte er: "Nun, du bist schleimig, du hast kleine schmale Augen, du windest dich die ganze Zeit und du hast eine gespaltene Zunge. Du mußt ein Anwalt sein!"

---

Eine Räuberbande bricht fälschlicherweise in den Anwaltsklub ein. Die alten Anwälte kämpfen wie um ihr Leben. Die Bande war froh, noch einmal zu entkommen.

"Was für ein Pech!" sagt einer der Räuber, "Wir haben gerade mal 25 Dollar." "Ich habe Euch gewarnt, von Anwälten fernzubleiben!", schreit der Boss zurück. "Wir hatten über 100, bevor wir eingebrochen sind!"

---

Ein LKW-Fahrer kommt auf seiner Tour jeden Tag durch einen kleinen Ort und dort am Gericht vorbei. Sein Hobby ist es, jedesmal einen der Anwälte, die sich vor dem Gericht aufhalten, zu überfahren. Eines Tages steht vor dem Ort ein Pfarrer und bittet, mitgenommen zu werden. Der LKW-Fahrer lässt ihn einsteigen und fährt in den Ort. Als er am Gericht vorbeikommt und die Anwälte vor dem Gericht herumlaufen sieht, will er wie immer einen Anwalt überfahren. Im letzten Moment entsinnt er sich, dass ein Pfarrer neben ihm sitzt. Er kann gerade noch den Lenker herumreissen. Trotzdem hört man einen dumpfen Schlag. Im Rückspiegel sieht er einen Anwalt auf der Strasse liegen. Der Fahrer sagt zum Pfarrer: "Ich schwöre, ich bin an ihm vorbeigefahren!" "Macht nichts", antwortet der Pfarrer, "ich habe ihn noch mit der Beifahrertüre erwischt."

---

Wer gehört nicht in diese Reihe: Rotkäppchen - der Papst - ein ehrlicher Anwalt - Donald Duck ? (Natürlich der Papst. Ihn gibt es wirklich, alle anderen sind Phantasiegestalten)

---

Ein junger Rechtsanwalt sitzt seit vierzehn Tagen in seinem neuen Büro sitzt und wartet auf den ersten Klienten. Endlich, endlich klingelt es, das Mädchen öffnet. Der Rechtsanwalt hört eine Männerstimme und sagt zu dem Mädchen, ohne sie anzuhören: "Lassen Sie den Herrn warten!" Denn das ist er sich aus Prestigegründen schuldig. Nach zehn Minuten klingelt er, ergreift das Telefon, läßt den Besucher eintreten und sich in einer wichtigen und hochdringenden Unterhaltung überraschen. Er gestikuliert in den Hörer: "Selbstverständlich, Herr Oberregierungsrat! Das kann ich nicht versprechen, Herr Oberregierungsrat! Ich bin derartig beschäftigt ... Unter neunhunderttausend Mark kann ich für meinen Klienten nicht abschließen! Gewiß. Also dann auf Wiedersehen, Herr Oberregierungsrat! - Was wünschen Sie?" sagt er dann zu dem Mann. Darauf der Besucher: "Ich komme wegen des Telefons, wegen des kaputten Telefons."

---

Ein Rechtsanwalt erreicht das Himmelstor. Wutentbrannt verlangt er umgehend Petrus zu sprechen. Zu diesem vorgelassen wettert er los: "Das muß ein Irrtum sein. Ich bin erst 45 Jahre alt. Ihr habt mich zu früh geholt."
Petrus schaut in das große Buch und entgegnet: "Mein Sohn, es hat alles seine Richtigkeit. Hier steht, Du bist 89 Jahre alt. Das ist Dein Zeitpunkt." Nun wird der Rechtsanwalt langsam

unwirsch: "Das ist doch alles Unfug. Schau mich an. Ich stehe in der Blüte meines Lebens und anwaltlichen Schaffenskraft. Ihr habt Euch geirrt, ich bin erst 45 Jahre alt. Schickt mich sofort zurück." Petrus schaut erneut in das große Buch: "Nein mein Sohn, wir irren nie. Nach den Stunden, die Du Deinen Mandanten in Rechnung gestellt hast, bist Du 89 Jahre alt."
---

## Beamtenwitze

*1. Altersweisheit eines Beamten:*
Die Jungen laufen schneller - die Älteren kennen die Abkürzungen.

*2. Altersweisheit eines Beamten:*
Gerade wenn man anfängt, etwas zu begreifen, ist die Amtszeit abgelaufen.

Welches sind die fünf Sinne eines Beamten?
*Unsinn, Stumpfsinn, Blödsinn, Schwachsinn, Wahnsinn!*

*Der Satz des Pythagoras umfasst 24 Worte, das Archimedische Prinzip 67, die Zehn Gebote 179, die amerikanische Unabhängigkeitserklärung 300 - und allein Paragraph 19a des deutschen Einkommenssteuergesetzes 1.862 Worte!*
(Erwin Huber, bay. Finanzminister a.D.)

*Verwaltung ist, wenn fünf Leute für etwas bezahlt werden, was vier billiger tun könnten, wenn sie nur zu dritt wären und zwei davon verhindert.*
(frei nach Charles Saunders)

*Treffen Einfalt und Gründlichkeit zusammen, entsteht Verwaltung.*
(Oliver Hassencamp)

*Eine Betriebsanalyse ist eine kostspielige Methode, durch betriebsfremde Fachleute das ermitteln zu lassen, was man im Betrieb seit 20 Jahren weiß.*
(Michael Schiff)

*Wenn jemand in einer Behörde unverzichtbar ist, dann ist diese Behörde falsch organisiert.*
(frei nach Andreas Hoff)

*Der Staatshaushalt muss ausgeglichen sein. Die öffentlichen Schulden müssen verringert werden. Die Arroganz der Behörden muss gemäßigt und kontrolliert werden!*
(Marcus Tullius Cicero, 106 - 43 v. Chr.!)

*Demokratie ist ein Verfahren, das garantiert, dass wir nicht besser regiert werden, als wir es verdienen.*
(Georg Bernhard Shaw)

*Chefs sind auch nur Menschen - sie wissen es nur nicht!*
(Karl Schwarzer)

*Dass man mit Dienst nach Vorschrift die Urheber der Vorschriften lächerlich machen kann, ist eine herrliche Pointe der Bürokratie.*
(Cyril Northcote Parkinson)

*Ich hab' hier bloß ein Amt und keine Meinung.*
(Friedrich v. Schiller)

Der gute Tipp für periodische Ausarbeitungen:

*Leuchtet Dir kein eignes Licht - schau in den Vorjahresbericht!*

Beamte sind wie Frösche:
sitzen bewegungslos auf dem Hintern und warten auf die Mücken.

Trost für alle Beamten mit schlechter Leistungsbeurteilung:
*Regelmäßiges Versagen ist auch eine Form der Zuverlässigkeit!*

Ein Freiluftballon steigt auf und gerät bald darauf in dichten Nebel. Die Gondelbesatzung verliert komplett die Orientierung. Als sich der Nebel kurz lichtet, sehen sie unter sich auf einem Platz einen Mann stehen. Der Ballon geht tiefer und die Besatzung ruft dem Mann zu: "Wo sind wir hier?" Der Mann ruft zurück: " In einer Ballongondel!"
*Frage:* Welchen Beruf hat dieser Mann?
*Antwort:* Jurist im Öffentlichen Dienst!
*Begründung:* 1. Die Anwort kam prompt. 2. Sie war vollständig richtig. 3. Wirklich weiterhelfen tut sie nicht.

*Die Ballonfahrt - Version 2.:*
Ein Mann in einem Heißluftballon hat die Orientierung verloren. Er geht tiefer und sichtet eine Frau am Boden. Er sinkt noch weiter ab und ruft: "Entschuldigung, können Sie mir helfen? Ich habe einem Freund versprochen, ihn vor einer Stunde zu treffen. Und ich weiß nicht wo ich bin."
Die Frau am Boden antwortet: "Sie sind in einem Heißluftballon in ungefähr 10 m Höhe über Grund. Sie befinden sich auf dem 49. Grad, 28 Minuten und 11 Sekunden nördlicher Breite und 8. Grad, 28 Minuten und 58 Sekunden östlicher Länge."
"Sie müssen Sachbearbeiterin des gehobenen Dienstes sein" sagt der Ballonfahrer.

"Stimmt, ich bin Stadtoberinspektorin", antwortet die Frau, "aber woher wissen Sie das?"
"Nun", sagt der Ballonfahrer, "alles was sie mir sagten ist sicherlich korrekt, aber ich habe keine Ahnung, was ich mit Ihren Informationen anfangen soll. Fakt ist, dass ich immer noch nicht weiß, wo ich bin. Offen gesagt, waren Sie keine große Hilfe. Sie haben höchstens meine Reise noch weiter verzögert." Die Frau antwortet: "Sie müssen im Höheren Vewaltungsdienst tätig sein."
"Ja, ich bin Oberregierungsrat bei der Bezirksregierung", sagt der Ballonfahrer, "aber woher wissen Sie das?"
"Nun", meint die Frau, "Sie wissen weder wo Sie sind, noch wohin Sie fahren. Sie sind aufgrund einer großen Menge heißer Luft in Ihre jetzige Position gekommen. Sie haben ein Versprechen gemacht, von dem Sie keine Ahnung haben, wie Sie es einhalten können und erwarten von den Leuten unter Ihnen, dass sie Ihre Probleme lösen. Tatsache ist, dass Sie nun in der gleichen Lage sind, wie vor unserem Treffen, aber merkwürdigerweise bin ich jetzt schuld!"

Eine wichtige Erkenntnis für Bürokratieabbau und Verwaltungsvereinfachung: *Nichts macht das Leben so kompliziert wie der Versuch, es zu vereinfachen!* (Woody Allen)

Aus der Haushaltsrede eines Kämmerers: *"Vergangenes Jahr standen wir vor dem Abgrund, dieses Jahr sind wir schon einen großen Schritt weiter!"*

Meinungsaustausch ist, wenn ein Beamter mit seiner Meinung ins Zimmer seines Vorgesetzten geht und mit dessen Meinung wieder heraus kommt.

Im Büro fragt ein Beamter den anderen: "Sag mal, hast Du meinen Bleistift gesehen?" Antwort: "Na sicher. Der steckt hinter Deinem Ohr!"

Darauf der erste: "Also Kollege, mach´s doch nicht so schwierig. Hinter dem rechten oder dem linken?"

Gut gemeinter Ratschlag an den Beamtennachwuchs: "Es genügt nicht, keine Gedanken zu haben, man muss auch unfähig sein, sie auszudrücken!"

Und dann war da noch der junge Beamtenanwärter, der am Ersten des Monats erstaunt fragte: "Was, Geld bekomme ich auch noch dafür?"

Bekommt ein Beamter Besuch in seinem Büro. Sagt der Besucher: "Sie haben aber viele Fliegen hier." Antwort des Beamte: "Ja, genau 149!"

Was ein Beamter nicht begreift, wird von ihm untersagt. (Spanische Volksweisheit)

Woran merkt man, dass die Beamten aus Protest "Dienst nach Vorschrift" machen? Daran, dass alles viel besser und schneller funktioniert.

Warnstreik bei allen Behörden: Die Beamten legen allesamt ihre Zeitung für eine Stunde nieder!

Wie grüßen sich Beamte? Mit der ausgestreckten rechten Hand. Was soll das bedeuten? "Heute noch keinen Finger krumm gemacht!"

Was sagt die Beamtenfrau, wenn ihr Ehemann spät abends mit einem großen blauen Fleck im Gesicht nach Hause kommt? "Na, mal wieder auf dem Stempelkissen eingeschlafen?"

Zwei Mücken treffen sich vor dem Finanzamt. Die Erste kommt gerade heraus, die Zweite will hinein. "Vergiss es", sagt da die Erste, "die saugen selbst."

Warum haben die Frauen der Beamten gegen eine Arbeitszeitverkürzung protestiert? Weil ihre Männer dann unausgeschlafen nach Hause kommen.

Ein Kollege weckt den Beamten zur Mittagspause. Sagt dieser: "Geh schon mal vor, ich arbeite heute durch."

Warum sind bei Beamten Papiertaschentücher so unbeliebt? Weil häufig "Tempo" drauf steht!

Kommt ein Beamter zu spät zum Dienst und sagt zu seinem Vorgesetzten: "Entschuldigen Sie bitte, ich habe verschlafen." Der Vorgesetzte schaut ihn groß an und fragt verblüfft: "Was, zu Hause schlafen Sie auch noch?"

"Nichts ist so wichtig, als dass es nicht durch einen Tag liegenlassen noch wichtiger werden könnte." (Mexikanische Beamtenweisheit)

Beamte sind die Träger der Nation - einer träger als der andere!

*Frage:* Welches ist für Beamte der wichtigste Tag im Jahr? *Antwort:* Der Frühlingsbeginn am 21. März: Ende Winterschlaf, Anfang Frühjahrsmüdigkeit!

Wie hervorragend Beamte geeignet sind, Zukunftsprobleme zu lösen, zeigt ihre eigene Altersvorsorge. (Wolfram Weidner)

Beamte sind Leute, die ein Leben lang sitzen, ohne verurteilt zu sein.
(Alberto Sordi)

*Personalchef:* "So, so, Sie wollen also eine Stelle

bei uns in der Verwaltung. Was können Sie denn?" *Bewerber*: "Nichts!" *Personalchef*: "Tut mir leid, die Führungspositionen sind schon alle besetzt."

Auf der Führungsetage im Rathaus sind im Flur neue Garderobenhaken angebracht worden, darüber ein Schild: "Nur für Mitglieder des Verwaltungsvorstandes". Am nächsten Tag hat jemand einen Zettel daneben geklebt: "Aber man kann auch Mäntel dran aufhängen!"

Zwei Beamte unterhalten sich. Der erste: "Sieh mal, der Neue ist gerade am Schreibtisch eingeschlafen." Darauf der andere: "Der hat sich aber schnell eingearbeitet!"

Wer glaubt, dass ein Amtsleiter ein Amt leitet, der glaubt auch, dass ein Zitronenfalter Zitronen faltet!

*Sohn:* "Mama, ich will nicht mehr zur Schule gehen! Keiner mag mich, die Lehrer nicht und die Kinder auch nicht. Der Hausmeister hasst mich und die Schulsekretärin macht mir das Leben zur Hölle." *Mutter:* "Aber, aber, mein Junge. Du musst hin gehen. Du bist doch schließlich der Direktor!"

Sagt die Frau des Beamten ganz verwundert: "Schatz, warum kommst Du denn heute so spät nach Hause?" "Die Kollegen haben sich einen schlechten Scherz erlaubt. Die haben mich einfach nicht geweckt!"

"Stellen Sie sich vor, ", sagt der Finanzbeamte, "als Kind wollte ich immer Räuber werden!" "Sie Glücklicher! Die wenigsten Menschen können sich ihren Kindertraum erfüllen!"

Zwei Löwen im Zoo: "Man erzählt sich, Du hättest mal einen Ausbruch geschafft?" "Klaro!" "Und, wie lief es?" "Zuerst prima, ich habe mich im Rathaus versteckt und jeden Tag heimlich einen Beamten gefressen. Das fiel erst gar nicht auf." "Und wieso ist es dann doch aufgefallen?" "Ganz blöde! Eines Tages habe ich aus Versehen eine Putzfrau erwischt!"

Wie heißt eigentlich die Hymne der Beamten? - Wake me up, before you go go... !

*Lehrer zur Klasse:* "Hälften sind immer gleich groß. Aber das kapiert die größere Hälfte von euch sowieso wieder nicht!"

*Frage:* Woran erkennt man, dass man in einer Behörde ist? *Antwort:* Dort erledigen acht Leute die Arbeit von vier Leuten, selbst wenn sie nur zu zweit wären und einer davon krank ist.

*Frage:* Was ist der Unterschied zwischen einem Kamel und einem Beamten? *Antwort:* Das Kamel kann sieben Tage arbeiten, ohne zu saufen ...

Niemand geht gerne aufs Amt - Beamte auch nicht.

Wem Gott ein Amt gibt, dem gibt er auch Verstand. - Nur werden die Ämter leider nicht von Gott vergeben! (Gerhard Uhlenbruck)

Kleinstlebewesen vermehren sich durch Zellteilung, Bürokraten durch Arbeitsteilung. (Jerry Lewis)

Wütend tritt ein Beamter im Grünflächenamt nach einer Schnecke. "Warum machst Du das?", fragt überrascht ein Kollege. Antwort: "Na, das aufdringliche Ding verfolgt mich schon den ganzen Tag!"

Beamter: Mannomann, ist mir schwindelig!

Kollege: Wieso denn das?
Beamter: Na, ich hab' wohl das letzte
Rundschreiben zu schnell gelesen.

*Frage:* Wie zwinkert ein Beamter?
*Antwort:* Indem er langsam ein Auge öffnet!

*Beamtengedicht:* Morgens wenn der Wecker rasselt,
ist der ganze Tag vemasselt!

*Frage:* Wieviel Beamtenwitze gibt es?
*Antwort:* Keinen einzigen. Das sind alles
Tatsachenberichte!

*Frage:* Was ist der Unterschied zwischen einer Jeans
und einer Behörde? *Anwort:* Bei der Jeans sitzen
die Nieten außen!

Eingemeisseltes Motto über dem Eingang zum
Behördengebäude: » Sagen Sie uns was Sie wünschen
und wir sagen Ihnen warum es nicht geht! «

Beamtenkaffee: erst die Milch, dann den Kaffee in
die Tasse - so muss man nicht umrühren!

Ein Beamter bekommt die Aufgabe, einen Topf voller
Linsen und Bohnen in zwei Töpfe zu sortieren. Nach
einer Stunde wird nachgesehen, wie weit er ist. Er
hat sechs Bohnen und acht Erbsen geschafft und
sitzt schweissgebadet am Tisch. "Hm, sagen Sie
mal, so anstrengend ist die Aufgabe doch nicht?"
"Körperlich nicht, nein, aber immer diese
Entscheidungen!"

Warum dürfen Pausen in Ämtern nie länger als 60
Minuten dauern? Damit man die Beamten nicht
jedesmal neu anlernen muß ...

Ein Beamter kommt nach 29 Dienstjahren zu seinem

Chef und will sich versetzen lassen. Chef: "Lehmann, Sie sitzen jetzt seit 29 Jahren im gleichen Büro und wollen sich nun versetzen lassen?" Lehmann: "Tja Chef, das ist halt das wilde Zigeunerblut in mir!"

Vorstellungsgespräch beim Arbeitsamt: "An welche Position haben Sie denn gedacht?" "Beamteter Staatssekretär!" "Sind Sie verrückt?" "Nein, ist das dafür Bedingung?"

Morgens, 7 Uhr. Die Ehefrau stellt dem Beamten das Frühstück vor die Nase, inklusive Zeitung. Sie essen, er liest die Zeitung, keiner sagt etwas. Drei Stunden später sitzt er immer noch am Tisch, liest die Zeitung, nickt ab und zu ein, schaut manchmal aus dem Fenster... Da sagt die Frau: "Sag mal, Schatz, musst du heute gar nicht ins Büro fahren?" Er springt erschrocken auf: "Mist, ich dachte, da wäre ich längst..."

Jeder verstorbene Beamte hinterlässt im Büro eine Lücke, die ihn voll ersetzt..

Ein kleiner Junge geht die Straße entlang. Er findet einen Gummiknüppel. Ein paar Meter weiter steht ein Polizeibeamter. Kleiner Junge: "Ist das Ihr Gummiknüppel, Herr Polizist?" Polizeibeamter schaut nach: "Ne, meinen hab ich verloren."

Warum wird eigentlich überall ums Rathaus herum Rasen angelegt?Nun, damit es nicht so laut klirrt, wenn die Beamten die Steuergelder zum Fenster raus werfen!

Beamte bekommen kein Gehalt, sondern eine Anwesensheitsprämie.

Ein guter Beamter überlegt mindestens dreimal, bevor er nichts tut.

Der höchste Feiertag der Beamten: Siebenschläfer!

Häufiger Spruch in Büros: "Beeil Dich mit dem Frühstück, in 20 Minuten ist Mittag."

Wer die ganze Nacht schläft, hat am Tage Anspruch auf ein wenig Ruhe.(Kubanisches Sprichwort)

Wie aus dem Rathaus zu erfahren war, sollte im Eingangsflur eine weiße Linie gezogen werden, damit nicht immer diejenigen Beamten, die zu spät zum Dienst kamen, mit denen zusammenprallten, die zu früh gingen. *Nachtrag:* Der Plan wurde aufgegeben als sich herausstellte, dass es exakt die gleichen Beamten waren, die zu spät kamen und zu früh gingen!

Kommt ein Beamter in die Tierhandlung mit einem Aquarium unter dem Arm und sagt: "Tut mir leid, den Goldfisch muss ich zurück bringen. Der brachte ja soviel Hektik ins Büro."

Treffen sich zwei Beamte auf dem Büroflur. Sagt der eine zum anderen: "Na, kannst Du auch nicht einschlafen?"

Drei Jungs streiten darüber, wessen Vater der schnellste ist. Der erste: "Mein Vater ist Rennfahrer, der ist sicher der schnellste!" Der zweite: "Vergiss es! Meiner ist Pilot bei der Luftwaffe, der ist viel schneller!" Der dritte: "Nein, mein Papi ist noch schneller!" Die beiden anderen: "So, und wie macht er das?" - "Er ist Beamter!" Großes Gelächter. "Nein, wirklich! Er ist so schnell, daß er am Freitag um Dreizehn Uhr mit der Arbeit aufhört, aber schon um Zwölf Uhr zu Hause ist!"

Was tut ein Beamter, der in der Nase bohrt? Er

holt das letzte aus sich heraus...

Fragt ein Passant einen beamteten Sozialarbeiter: "Wissen Sie, wo es zum Bahnhof geht?" Dieser darauf: "Leider nein, aber möchten Sie darüber reden?"

Wissen Sie, welches die erste Amtshandlung eines Schweizer Beamten am Morgen ist? Er geht an die Hämmerli- und Weggli- Verteilung. Das Hämmerli um die Zeit totzuschlagen und das Weggli, damit wenigstens der Magen etwas zu tun hat.

Im Amt wird ein Baby gefunden. Da wird schnell klar, daß dieses nicht von einem Beamten sein kann. Ein solcher bringt in der kurzen Frist von 9 Monaten nichts zustande, was Hand und Fuß hat.

Was tut ein Beamter zuerst, nachdem er hingefallen ist? Er nimmt die Hände aus der Hosentasche!

Ein Beamter sitzt so im Büro. Da kommt eine gute Fee und sagt ihm, dass er drei Wünsche frei hat. Da wünscht sich der Beamte, auf einer Insel mit Palmen und Sonnenschein zu liegen. ...Pling..., da liegt der Beamte am schönsten Strand der Welt mit Palmen und Sonnenschein. Als er seinen zweiten Wunsch äußert, mit knackigen gut gebauten, einheimischen Mädchen am Strand verwöhnt zu werden, ...Pling..., geht auch dieser Wunsch in Erfüllung. Als letztes wünscht er sich, nie wieder zu arbeiten, keinen Stress mehr, nur noch erholsame Ruhe. ...Pling..., schon sitzt er wieder im Büro.......

Ich habe nichts gegen Beamte - sie tun ja nichts!

Was ist ein 08/15-Beamter? Null Ahnung, 8 Stunden am Tag im Büro, wird nach A15 bezahlt...

Wo ist der Unterschied zwischen Beamten und Terroristen? Terroristen haben Sympathisanten...

Was ist Beamten-Mikado? Wer sich zuerst bewegt, hat verloren...

Was ist die seltenste Flüssigkeit der Welt? Beamtenschweiß.

Wussten Sie schon, dass Tierärzte Hunde und Katzen neuerdings mit Beamtenblut einschläfern lassen?

Warum haben Beamte eine Brille? Damit Sie sich beim Einschlafen nicht mit dem Bleistift ins Auge stechen.

Warum dürfen Beamte nicht streiken? Ja warum eigentlich nicht, würde doch eh keiner merken...

Beamte sind unbestechlich, sie dürfen nicht einmal Vernunft annehmen!

Drei in einem Büro und einer arbeitet? Zwei Beamte und ein Ventilator!

Ein Beamter wird mit verbrannten Ohren ins Krankenhaus eingeliefert. "Wie ist das passiert?" fragt der Arzt. "Ich habe gebügelt", berichtet der Beamte, "da klingelte das Telefon. Ich war so in Gedanken, da habe ich statt des Hörers das Bügeleisen ans Ohr gepresst." - "Ja, aber wieso haben Sie sich dann auch das andere Ohr verbrannt?" - "Na, danach musste ich doch den Rettungsarzt anrufen!"

Ein Politiker, ein Wissenschaftler und ein Beamter wollen zusammen Schnecken sammeln. Sie treffen sich alle drei am vereinbarten Ort und ziehen dann los. Nach einer halben Stunde kommt der Wissenschaftler mit 160 Schnecken zurück. Noch

eine halbe Stunde später kommt der Politiker mit
80 Stück. Nun warten sie noch auf den Beamten.
Nach drei Stunden kommt auch dieser endlich
wieder. Er hat keine einzige Schnecke dabei. Die
beiden anderen wundern sich und fragen ihn, wieso
er nichts gesammelt hätte. Darauf der Beamte: "Das
ist doch der Wahnsinn mit den Viechern! Ich seh ne
Schnecke, bücke mich danach, und husch, ist sie
weg"!

Warum erhalten Beamte jeden Tag um 09.00 Uhr
vormittags ein Frühstück umsonst? Damit wenigstens
der Magen arbeitet...

Ein Beamter zeigt seiner Frau ein Bild mit seinen
Kollegen im Amtszimmer und sagt stolz: "Hier sieh
mal, eine Stunde belichtet und keiner verwackelt!"

Lieber acht Stunden im Büro als gar keinen Schlaf!

⬜ Übrigens:    Beamte
werden nicht versetzt, sie werden umgebettet.

Fragt    ein    Passant    vor    dem    Rathaus    den
Bürgermeister: "Sagen Sie mal, wieviel Leute
arbeiten denn da drin eigentlich?" Antwort: "Nun,
maximal die Hälfte!"


Zwei Beamte sitzen zusammen im Zimmer. Fragt der
eine: 'Was hältst Du davon, wenn wir uns ein
Aquarium kaufen?' 'Meinst Du nicht, das bringt
zuviel Hektik in's Büro?'


   1. Streik bei allen Behörden: Die Beamten
      legten allesamt ihre Zeitungen für eine

Stunde nieder!

2. Der Beamte im Arbeitsamt ist ungehalten. 'Hier auf dem Fragebogen geben Sie an, Sie wollen sich zum Bäcker umschulen lassen. Und jetzt sagen Sie zu mir, Sie wollen Psychotherapeut werden?' - 'Das will ich ja auch', sagt Rainer, 'aber ich wußte ja nicht, ´wie man das schreibt.'

3. Stasi-Beamter auf der Straße: 'Wie beurteilen Sie die politische Lage?' Passant: 'ich denke...' Stasi-Beamter: 'Das genügt - Sie sind verhaftet!'

4. Da war noch der junge Beamte, der am ersten des Monats erstaunt fragte: 'Was, Gehalt bekomme ich auch noch?'

5. Woran merkt man, dass die Beamten streiken? - Daran, dass alles viel besser und schneller funktioniert.

Kommt ein Arbeitsloser zum Arbeitsamt und fragt nach Arbeit. Außerdem fügt er hinzu: "Es muss ein Job sein ohne Frauen!" Sagt der Beamte: "Entweder du wirst Pilot oder Busfahrer! Wenn du Busfahrer wirst, ist alles gut, aber wenn du Pilot wirst, gibt es zwei Möglichkeiten: Entweder du stürzt ab oder nicht! Wenn du nicht abstürzt, ist [...]

Wie lautet das Morgengebet eines Beamten? "Lieber Gott, mach mich nicht zuständig!"

Was unterscheidet einen Beamten vom Teufel? Der Teufel schläft weniger.

---

Ein Wunderheiler trifft auf drei kranke Männer. Der erste hat furchtbare Rückenschmerzen. Er legt ihm die Hand auf und die Schmerzen sind verschwunden. Der zweite Mann hat ganz grausame Bauchschmerzen. Auch ihm legt der Wunderheiler die Hand auf. Und bums, die Schmerzen sind weg. Als er sich an den dritten Mann, einen Beamten, wendet, sagt der: "Fass mich bloß nicht an, ich bin noch drei Wochen krankgeschrieben?.

---

Warum hacken eigentlich immer alle so auf den Beamten rum? Die tun doch gar nichts!

---

Anruf bei der Polizei: "Hallo, hier ist ein Elefant auf der Autobahn."- Ein Elefant? Was macht er denn? "Na, so fünf Kilometer die Stunde!"

---

Aber wie ist es mit dem Test für den höheren Dienst? Eine Stunde aus dem Fenster kucken und dabei nicht bemerken, dass die Rolläden unten sind!

---

Welches Tier hat sein Arschloch auf dem Rücken? Das Polizeipferd.

---

Warum haben Beamte keinen Anspruch auf Arbeitslosenunterstützung? Dafür müssten sie schon mal gearbeitet haben...

---

Peter erscheint auf der Polizeiwache: "Meine Frau ist seit zwei Wochen verschwunden." "Und da melden Sie sich erst jetzt?"


Eine Schnecke und eine Ziege wetten vor einem Amt, wer zuerst im oberen Stockwerk ist. Als die Ziege atemlos oben ankommt, ist die Schnecke schon lange da. "Tja" meint diese, "mit Meckerei kommst Du hier nicht weiter. Hier mußt Du kriechen!"

---

Der Oberkommissar ist wütend auf sein Team. "Sie hatten die Bank schon umstellt und trotzdem konnte die Einbrecherbande entkommen! Und ich sagte noch ausdrücklich, Ihr sollt alle Ausgänge besetzen!" "Haben wir auch gemacht, aber die Idioten sind beim Eingang hinaus!"

---

Was ist Gähnen? Die einzige Möglichkeit für einen Beamten, seinen Mund zu öffnen!

---

Warum kosten normale Kondome 5 Franken und Beamtenkondome 150 Franken? "Na, bei den Beamtenkondomen ist ein Bewegungsmelder mit eingebaut...!

---

Was ist Beamtenjogging? 100 Meter in 25 Dienstjahren.

---

Der Zollbeamte beugt sich ins das offene Fenster des Autos und fragt: "Alkohol, Zigaretten?" "Nein, zweimal Kaffee bitte!"

---

Ein Beamter wird überfahren: Ford, die tun was! Zwei Beamte werden überfahren: Nichts ist unmöglich, Toyota! Fünf Beamte werden überfahren: Opel, wir haben verstanden!


Warum dürfen Pausen in Ämtern nie länger als 60 Minuten dauern? Damit man die Beamten nicht jedesmal neu anlernen muß...

---

"Angeklagter, Sie haben behauptet, jeder zweite Beamte sei bestechlich. Sollten Sie diese absurde Verleumdung nicht zurücknehmen, muß ich Sie bestrafen!" "Na, gut, Euer Ehren, die nehme ich zurück. Jeder zweite Beamte ist nicht bestechlich."

---

Fragt das junge Mädchen den Finanzbeamten: ,,Kann man eigentlich die Pille von der Steuer absetzen?" ,Ja, aber nur, wenn Sie sie vergessen haben..."

---

"Betrunkene sagen die Wahrheit!" sagte sich der Finanzbeamte - und goß dem Steuerpflichtigen noch einen Korn ein!

---

Am Fahrkartenverkauf bei der Bahn fragt ein Kunde: "Gibt es eine billigere Klasse als die 2. Klasse?" Der Beamte: "Ja, aber dafür brauchen Sie ein Fell und eine Schnauze!"

---

Beamte sind unbestechlich, sie dürfen nicht einmal Vernunft annehmen!

---

Wie nennt man einen Beamtenwindhund? Schildkröte.

---

Sie schon, dass Tierärzte Hunde und Katzen neuerdings mit Beamtenblut einschläfern lassen?

---

Wo gibt es den kleinsten Bauernhof? Na auf der Strasse, ist grün-weiß, vorne die Bullen und hinten die armen Schweine.

---

Ein Beamter bemerkt, daß sein Kollege leise stöhnt: "Was ist denn mit dir los?" fragt er. "Ach", antwortet der andere, "mir ist so schwindlig, ich habe ein Rundschreiben zu schnell gelesen!"

---

Fragt Morgens der eine Beamte den anderen: "Soll ich dir zu Mittag Bescheid geben oder schläfst du durch?"

---

"Elefant entlaufen", notiert der Polizist. Dann sieht er den Zirkusdirektor fragend an: "Irgendwelche besonderen Kennzeichen?"

---

Ein Beamter geht über eine Brücke. Plötzlich stürzt die Brücke ein. Warum? Der Klügere gibt nach . . .

---

"Kann ich bei Ihnen eine Fahrkarte bekommen?", fragt der Reisende. "Das heißt Fahrausweis, mein Herr." belehrt ihn der freundliche Beamte. "Gut. Und wo bekomme ich diesen Fahrausweis?" "Drüben am Fahrkartenschalter."

---

Weber hat kräftig einen gebechert und will auf dem Heimweg einen Polizisten ärgern: "Sagen Sie mal, Herr Ordnungshüter, haben Sie vielleicht einen Lastwagen voll Affen vorbeifahren sehen?" "Warum?" kontert der Polizist schlagfertig. "Sind Sie etwa runtergefallen?"

---

Auf dem Arbeitsamt: "Ich hätte gerne eine Stelle." Der Berater sprudelt drauf los: "Vielleicht wäre das etwas! Leichte Arbeit, beste Bezahlung, drei Monate Urlaub, Dienstwagen mit Chauffeur, 15 Stunden die Woche, alle 14 Tage ist außerdem der Freitag frei ..." "Wollen Sie mich veräppeln?" unterbricht ihn der Arbeitsuchende. Der

Sachbearbeiter zuckt die Achseln: "Und wer hat damit angefangen?"

---

Beamter zu seinem Vorgesetzten: "Ich glaube, der Kollege ist urlaubsreif." "Wie kommen Sie denn darauf?" "Er schläft in letzter Zeit so unruhig."

---

Die Behörde gibt einen neuen Schreibtischtyp in Auftrag: Mit Airbag...

---

Ein Regierungsingenieur hat einen staatlichen Betrieb untersucht: "Alle Maschinen sind durchgesehen. Kesselstein nicht vorhanden." Darauf der zuständige Beamte: "Kesselstein ist anzuschaffen!"

---

Der Unterschied zwischen einem Staubsauger und einem Polizeifahrzeug? Im Staubsauger befindet sich nur ein Drecksack.

---

Drei in einem Büro und einer arbeitet? Zwei Beamte und ein Ventilator!

---

Ein Arbeitsloser kommt auf das Arbeitsamt und fragt dort den Bediensteten: "Haben Sie Arbeit für mich?" "Sicher doch!" antwortet der, "Wie wär s als Filialleiter in einer großen Bank, mit einem Daimler als Dienstwagen, und über 800.000 DM im Jahr?!" "Wollen Sie mich veralbern?" fragt darauf der Arbeitslose. Antwortet der Bedienstete: "Wer hat denn damit angefangen?"


"Ihr Vorname?" fragt der Beamte. "Berta." "Ihr Nachname?" "Müller." "Ihr Alter?" Der steht draußen und wartet auf mich."

---

Warum benutzen Beamte keine Papiertaschentücher? Na weil da "Tempo" daraufsteht...!

---

Warum haben Rathäuser immer zwei Eingänge ? Damit die, die früher gehen nicht mit denen zusammenstoßen, die später kommen!

---

In einem Rathausbüro sitzen zwei Beamte. Das Telefon klingelt zum 33sten mal. Sagt der eine: "Unglaublich, wie manche Leute ihre Zeit verschwenden."

---

Bekommt ein Beamter Besuch in seinem Büro. Meint der Besucher: "Sie haben aber viele Fliegen hier!" Der Beamte: "Ja, genau 317..."

---

Was macht man eigentlich mit toten Beamten? Man schickt sie zu Bayer und macht Schlaftabletten daraus...

---

Dieser Brief ist viel zu schwer, da muß noch eine Briefmarke drauf!" "Dadurch wird er auch nicht leichter!"

---

Das Telefon im Büro klingelt. Ein Angestellter geht ran und sagt: "Welcher Arsch wagt es, mich in der Mittagspause anzurufen?" Da sagt der Anrufer: "Wissen Sie überhaupt, mit wem Sie sprechen? Ich bin Direktor Huber!" Da sagt der Angestellte: "Wissen Sie eigentlich mit wem Sie sprechen?" Sagt Direktor Huber: "Nein!" Da sagt der Angestellte: "Dann habe ich ja nochmal Glück gehabt!"

---

Was haben Beamte und Robinson Crusoe gemeinsam? Sie warten beide auf Freitag...

---

Warum gibt es auf Toiletten, die von Beamten benutzt werden, immer dreilagiges Klopapier? Laut Dienstordnung erfordert jeder Geschäftsgang ein Original und zwei Durchschläge.

---

Ein Amerikaner und ein Deutscher wollen um die Wette bauen. Nach vier Wochen ruft der Amerikaner an und sagt: "Nur noch zehn Tage - dann feiern wir Richtfest" Sagt der Deutsche: "Noch zehn Formulare dann können wir anfangen"

---

Herr Gottschalk: "In der letzten Zeit bekomme ich dauernd Drohbriefe, und ich bin völlig machtlos dagegen." "Unsinn! Sagen Sie's der Polizei, die hilft in solchen Fällen." "Das glaube ich nicht. Die Briefe stammen vom Finanzamt."

---

Klaus hat eine heftige Auseinandersetzung auf dem Finanzamt. Schließlich verliert er die Nerven und schreit: "Nehmen Sie doch endlich Vernunft an!" - "Bedaure", erhält er zur Antwort, "ich bin Beamter und darf nichts annehmen."

---

Der höchste Feiertag der Beamten: Siebenschläfer!

---

Wie spielt man Beamten-Mikado? Wer sich als erster bewegt verliert.


Warum dürfen Beamte vormittags nicht zum Fenster raussehen? Sie hätten dann ja am Nachmittag nichts mehr zu tun.

---

Wußtest du schon, dass Tierärzte Hunde und Katzen neuerdings mit Beamtenblut einschläfern lassen?

---

"Es ist schon Mittag, und das Fundbüro ist noch immer nicht geöffnet!" beschwert sich Bachhuber. "Tut mir leid, aber das wird noch etwas dauern", meint ein Behördenangestellter. "Der zuständige Beamte hat den Büroschlüssel verloren."

---

Drei Dinge muss man beachten, wenn man vergessen hat, beim Amt einen Antrag rechtzeitig zu stellen: 1.) Anträge 6 Monate zurückdatieren. 2.) Auf den Antrag draufschreiben: "Bitte mit normalem Arbeitstempo bearbeiten. Testantrag, dient nur zur Kontrolle der Durchlaufzeiten. Im Auftrag des Bundesrechnungshofes gez. XXXXXXX." 3.) Antrag bereits normgerecht knicken und lochen, das halbiert die Arbeit des zuständigen Beamten.

---

Morgens, 7 Uhr. Die Ehefrau stellt dem Beamten das Frühstück vor die Nase, inklusive Zeitung. Sie essen, er liest die Zeitung, keiner sagt etwas. Drei Stunden später sitzt er immer noch am Tisch, liest die Zeitung, nickt ab und zu ein, schaut manchmal aus dem Fenster... Da sagt die Frau: "Sag mal, Schatz, musst du heute gar nicht ins Büro fahren?" Er springt erschrocken auf: "Mist, ich dachte, ich wäre längst da..."

---

Die Beamten-Ehefrau packt die Reisetasche ihres Mannes, der heute die große Dienstreise antritt. Ihrem Sprössling erklärt sie dabei Schritt für Schritt: "Siehst Du, ein Wurstbrot, damit Vati uns nicht verhungert, und eine Flasche Bier, damit er uns nicht verdurstet..." Plötzlich springt der Filius auf, rennt in´s Bad und kommt mit einer

Parfüm-Flasche zurück, die er seiner verdutzten Mutter mit folgenden Worten in die Hand drückt: "Und das hier, damit er uns nicht verduftet!"

---

Der Beamte zu seinem Kollegen: "Hör auf mit diesem ewigen "Daß ich da nicht selbst drauf gekommen bin!"

---

"Ist Ihre Arbeit eigentlich schwer?" wird ein Beamter gefragt. - "Nein", gesteht er, "aber sie ist doch ein Störfaktor zwischen Kur, Nachkur, Urlaub, Feiertagen, Wochenenden, Betriebsausflügen,..."

---

Wann arbeitet ein Beamter? Wenn er seinen Urlaub plant!

---

Warum trinken die Beamten jeden Morgen einen Magenbitter? - Damit wenigstens der Magen arbeitet!

---

Frau zu ihrem Mann: "Schatz, ich bin von einem Beamten vergewaltigt worden!" Mann: "Woher weißt du, dass es ein Beamter war?" Frau: "Der hat überhaupt nicht mitgeholfen!"

---

Bei der Behörde ist Umzug. Der Amtmann spricht einen jungen Inspektor an. "Warum tragen sie nur zwei Aktenordner, während sonst jeder doch vier schleppt?" Der Inspektor verteidigt sich. "Wenn die zu faul sind, um zweimal zu laufen, dann ist dies doch nicht meine Schuld."


Wenn der dümmste Beamte des Hauptamtes in die Personalabteilung versetzt wird, steigt in beiden Abteilungen der durchschnittliche

Intelligenzquotient!

---

Bei uns am Finanzamt hängt ein Schild: "Geöffnet - wir bitten um Verständnis!"

---

Kommt ein Beamter zu spät zum Dienst und sagt zu seinem Vorgesetzten: "Entschuldigen sie bitte, ich habe verschlafen." Der Vorgesetzte guckt ihn ganz groß an und meint: "Was, zuhause schlafen sie auch noch?"

---

"Beruf?" fragte der Beamte beim Einwohnermeldeamt die aufgedonnerte Blondine. "Ach was", meinte diese, "machen sie einfach einen Strich!"

---

Was ist eine Behördenkatastrophe? Wenn keine Bestellformulare für Bestellformulare da sind!

---

Wann genau ist ein Beamter reif, um in Pension geschickt zu werden? : >...wenn er vergisst in seinem Buero einzuschlafen

---

Großer Umzug im Finanzamt. Alle Beamten tragen bei jedem Gang jeweils 2 Ordner in die neuen Amtsstuben. Nur Herr Müller trägt immer nur einen Ordner. Als dies der Vorsteher des Finanzamtes sieht, stellt er Müller zur Rede. Ohne langes Überlegen antwortet der Gescholtene: "Was kann ich dafür, wenn die anderen zu faul sind, zweimal zu laufen!"


In manchen Postämtern werden Beamte schneller befördert als die Briefe....

---

Ein guter Beamter überlegt mindestens dreimal, bevor er nichts tut.

---

Eine arme alte Frau braucht dringend 200,- Euro. Also schreibt sie dem lieben Gott einen Brief und bittet ihn, ihr doch das dringend benötigte Geld zu schicken. Natürlich können die Postboten mit der Anschrift nichts anfangen und schicken den Brief ans Finanzamt. Ein Finanzbeamter liest den Brief und hat sofort Mitleid mit der armen alten Frau. Er macht eine Haussammlung, die aber nur 100,- Euro erbringt. "Egal!", denkt sich der Finanzbeamte und schickt das Geld an die arme alte Frau. Diese erhält den Brief und rennt sofort in die nächste Kirche um dem lieben Gott danke zu sagen. Sie betet ein Vater unser nach dem anderen. Als sie die Kirche wieder verlassen will, dreht sie sich noch einmal um und sagt: "Wenn Du mir wieder mal Geld schickst Lieber Gott, dann lass es nicht über das Finanzamt laufen! Die haben mir nämlich schon wieder die Hälfte abgezogen!"

---

Der Chef eines Beamten maßregelt: "Schmitz, wieso lesen Sie am Arbeitsplatz Zeitung?" Schmitz entschuldigend: "Na wissen Sie, so kurz vor meinem Urlaub hat es sich nicht mehr gelohnt einen Roman anzufangen."

---

Eine Statistik ist für Beamte dasselbe, wie für einen Betrunkenen die Straßenlaterne: Sie dient ihm zum Festhalten, nicht zur Erleuchtung...

---

Beamte sind stark Herzinfarkt gefährdet. Es könnte ja jemand herein kommen und einen Antrag stellen.

Beamte sind ideale Ehepartner: Wenn sie abends nach Hause kommen sind sie ausgeschlafen - und die Zeitung haben sie auch schon gelesen!

---

Fragt ein Bahnbeamter einen Reisenden, der völlig atemlos einem Zug nachschaut: "Haben Sie den vielleicht versäumt?" "Nein", bekommt er zur Antwort, "verjagt!"

---

Meier kommt zum Finanzamt und fragt den Beamten: "Kann ich im Oktober Urlaub machen?" "Warum fragen Sie, Sie sind doch nicht bei uns angestellt". "Das nicht, aber jedes Jahr ab September arbeite ich für Sie!"

---

Der Beamte wundert sich, dass sein Kollege schon am Schreibtisch sitzt, als er ins Büro kommt. "Nanu, ich denke, deine Schwiegermutter wird heute beerdigt, und Du bist hier im Büro?" Sagt der andere: "Klar doch! Erst die Arbeit, dann das Vergnügen!"

---

Vorstellungsgespräche zur Einstellung eines Beamten: "An welche Position hätten Sie denn gedacht?" "Beamteter Staatssekretär!" "Sind Sie verrückt?" "Nein, ist das Bedingung?"

---

Der Wirt einer Bar ist unglaublich stark und protzt auch ganz gerne damit. So kommt es, dass er einen Preis ausgesetzt hat: Wenn jemand aus einer Zitrone einen Tropfen Saft mit den Händen herauspresst, die er zuvor gequetscht hat, dann kriegt derjenige 500 Mark. Schon viele haben es versucht, Gewichtheber, Bodybuilder und so weiter, aber keiner hat es je geschafft. Eines Tages kommt ein kleiner, unscheinbarer Mann daher und erkundigt sich nach den Bedingungen des Wettbewerbs. Er kriegt die

Regeln erklärt, nimmt die Zitrone und ohne mit der Wimper zu zucken, holt er aus ihr fünf Tropfen raus. Das Publikum um ihn herum, welches ihn zuerst ausgelacht hat, applaudiert und johlt, und der Wirt zahlt den Mann aus. Aber nicht, ohne ihn zu fragen, was er beruflich mache; woher er solche Kräfte besitze: "Na ja, ich arbeite beim Finanzamt..."

---

Besucherin: "Herr Müller, ich schlage vor, daß die Blumen hinter Ihrem Schreibtisch öfter gegossen werden." Herr Müller: "Das macht immer meine Putzfrau." Besucherin: "Sie sollten ruhig einmal einen Rat annehmen." Herr Müller: "Als Beamter darf ich nichts, nicht einmal Vernunft, annehmen."

---

In der Dienststelle eines Ministeriums sitzen zwei Beamte und vertreiben sich die Zeit mit Kartenspielen. Als der eine einmal überhaupt nicht aufpasst und einen Fehler macht, meint der andere spottisch: "Also, weißt du, Kartenspielen müßtest du eigentlich inzwischen schon besser können - schließlich bist du jetzt seit zwei Jahren bei uns im Kultusministerium!" - "Waaaas? Im Kultusministerium?" Der andere ist völlig verblüfft: "Ich dachte immer, ich wäre beim Innenministerium!"

---

Als der Beamte im Gesundheitsministerium von seiner Frau erfährt, dass seine Tochter ihren Lebensunterhalt als Prostituierte verdient, stöhnt er verzweifelt auf. "Womit haben wir das verdient? Ein Mitglied meiner Familie arbeitet."

---

Einstellungstest für Beamte: 1)Erklären sie Einsteins Relativitätstheorie, oder schreiben sie ihren Namen deutlich lesbar in Blockbuchstaben. 2)Wer gewann den 2. Weltkrieg? 3)Wer wurde zweiter

Im Amt wird ein Baby gefunden. Da wird schnell klar, dass dieses nicht von einem Beamten sein kann. Ein solcher bringt in der kurzen Frist von 9 Monaten nichts zustande, was Hand und Fuß hat.

---

Warum dürfen Beamte kein Viagra nehmen? Weil sonst zwei herumstehen!

---

Ein Postbeamter stempelt den ganzen Tag Briefe. Jemand fragt ihn, ob das nicht langweilig sei. "Nein", antwortet der Postbeamte, "kann ich nicht sagen. Ist doch jeden Tag ein anderes Datum!"

---

Was ist der Unterschied zwischen einem Beamten und einer Schnecke? Der Beamte hat Anspruch auf Urlaub...

---

Und dann sagte der junge Beamtenanwärter erstaunt am 1. des Monats: "Wie bitte? Geld gibt es dafür auch noch?"

---

Wieso ist eine blonde Beamtin das beste, was einem passieren kann? Zweimal negativ ergibt positiv!

---

Unterhalten sich zwei Bekannte. Fragt der eine: "Kennst du den Unterschied zwischen einem Theater und einer Behörde?" "Nein." "Es gibt ja auch keinen: In beiden arbeiten wenige, und viele schauen zu!"

---

Bei der Eignungsprüfung für die höhere Beamtenlaufbahn wird ein Bewerber gefragt: "Jemand kauft eine Ware für 15,20 Mark und verkauft sie für 12,80 Mark weiter. Hat er da Verlust oder Profit gemacht?" Der Kandidat: "Bei den Märkern hat er etwas verloren, aber bei den Pfennigen hat er enorm gewonnen."

---

Montag morgen auf der Behoerde. "Wie spaet ist es?" "Halb zehn!" "Mein Gott, dies ist wieder eine Woche, die gar kein Ende nehmen will!"

---

Vor dem Rathaus liegt ein Findelkind. Am Steckkissen hängt ein Zettel: "Der Vater ist Beamter." Lacht der Bürgermeister: "Endlich mal ein Produkt der Behörde, das Hand und Fuß hat."

---

Woran merkt man, daß die Beamten streiken? Daran, daß alles viel besser und schneller funktioniert...

---

Drei Knaben unterhalten sich über die Berufe ihrer Väter: "Mein Papa verdient 1000 EUR im Monat, er arbeitet bei Stollwerck und taucht die Weihnachtsmänner in die Schokolade, die kommen schön braun wieder heraus." - "Meiner verdient sogar 2000 EUR, er ist bei Ford und taucht die Karrosserieteile in die Lackbäder, damit sie schön bunt werden." - "Mein Papa verdient sogar A 15", trumpft der Dritte auf, "er ist Beamter und taugt gar nichts."

---

Hast Du schon gehört? Vor dem Finanzamt haben sie jetzt ein Schiller-Denkmal aufgestellt! Leuchtet mir ein: Der hat die "Räuber" geschrieben - jetzt soll er sie gefälligst auch bewachen!


Vier Männer sprachen über die Klugheit ihrer Hunde.

Der Ingenieur sagte, sein Hund könnte gut zeichnen. Er ließ ihn ein Blatt Papier holen und einen Kreis, ein Dreieck und ein Rechteck zeichnen, was der Hund auch leicht schaffte. Der Buchhalter sagte, sein Hund sei besser. Er befahl ihm, ein dutzend Kekse zu holen und sie in Häufchen zu je drei Stück aufteilen. Das schaffte der Hund ohne Mühe. Der Chemiker meinte sein Hund sei noch cleverer. Er ließ ihn einen Liter Milch holen und 275 mal in ein Halblitergefäß gießen. Der Hund schaffte das ohne Mühe. Nach kurzer Diskussion fanden die Männer, dass alle drei Hunde genauso klug seien. Dann fragten sie den Beamten, was sein Hund könne. Der Beamte rief ihn und sagte: "Zeig mal was Du kannst!" Da fraß der Hund die Kekse, soff die Milch aus, schiss auf das Papier, besprang die anderen drei Hunde, behauptete, sich dabei eine Rückenverletzung zugezogen zu haben, reichte eine Beschwerde wegen gefährlicher Arbeitsbedingungen ein, verlangte Verdienstausfall, ließ sich krank schreiben und lief nach Hause...

---

Warum nimmt sich ein Beamter `Schnittchen mit ins Büro? Falls er nicht schlafen kann!

---

An der Paßkontrolle sagt der Beamte zu den beiden Kannibalen: "Das ist ja nur ein einziger Paß, wo ist denn der zweite?" Darauf entrüstet der eine Kannibale: "Wieso ZWEI Pässe? Der da ist doch Reiseproviant!"

---

Der Kare fährt frühmorgens splitternackt mit dem Fahrrad durch die Straßen. Er wird von einer Polizeistreife gestoppt und aufgefordert, sich auszuweisen. ? Was fällt ihnen überhaupt ein, hier nackt radzufahren. " Jammernd bittet der Kare: "Lassen's mich doch weiterfahren, Herr Wachtmeister, i hab vierzehn Kinder zu Haus." Mitleidig geben ihm die Polizisten den Weg frei "Ja

so ist dös bei Eahna. Da san sie ja im Arbeit*-
g'wand."

---

Unterhalten sich zwei Männer vor dem Finanzamt.
Sagt der eine: "Du, weißt Du, daß in Zukunft keine
Treppen mehr in die Finanzämter gebaut werden?"
Fragt der andere: "Wieso denn?" - "Bei den Steuern,
da kannst Du nur noch die Wände hochgehen."

---

Brösel muß zum Amt. Seine Angelegenheit ist im
Handumdrehen erledigt. Lange starrt er nachdenklich
den Beamten an: "Was denn? Keine Fragebogen ...?
Keine Anträge... ? Kein Gesuch...? Is' wohl hier
gar keine richtige Behörde, wie?"

---

"Herr Wachtmeister, bei mir ist eingebrochen
worden. Wir saßen gerade in der Küche, als die
Diebe kamen." "Und Sie haben nichts gehört?" "Nein,
wir aßen gerade die Suppe!"

---

Jeder verstorbene Beamte hinterläßt im Büro eine
Lücke, die ihn voll ersetzt..

---

Der Beamte auf dem Einwohnermeldeamt gibt dem
Antragsteller das Formular zurück: "Sie haben da
einen i-Punkt vergessen!" "Ergänzen sie ihn doch,
bitte!" "Nein", erwidert der Beamte, "es muß
dieselbe Handschrift sein!"

---

Fragt ein Finanzbeamter einen Passanten auf der
Straße: "Können Sie mir bitte 20 Cent leihen, ich
will einen Freund anrufen." Antwortet der Passant:
"Ich gebe Ihnen 40 Cent, dann können Sie alle ihre
Freunde anrufen."

Wie bringt man einen Beamten zum Schwitzen? Indem

man ihm den Bleistift aufs Fensterbrett legt.

---

Beamte sind wie Viren: Sie wirken nicht indem sie handeln, sondern indem sie sich vermehren.

---

Ein Beamter zu seinem Kollegen: "Warum regen sich eigentlich alle so auf, wir machen doch gar nix!"

---

Aus dem Polizeibericht: "Der Täter hatte die junge Frau überwältigt und war im Begriff, sich an ihr zu vergehen. Glücklicherweise kam ihm die Polizei zuvor."

---

Der Beamte kommt zum Arzt und läßt sich untersuchen. Er meint: "In letzter Zeit fühle ich mich wie gerädert!" - "Arbeiten Sie zuviel?" - "Ach, das geht eigentlich, Herr Doktor, vor einem Jahr mußten wir mit Überstunden noch ca. 42 Stunden arbeiten und heute sind es nur noch 37,5 Stunden." - "Sehen Sie", stellt der Doktor die Diagnose, "Ihnen fehlen wahrscheinlich diese 4,5 Stunden Schlaf!"

---

"Nichts ist so wichtig, als daß es nicht durch einen Tag liegenlassen noch wichtiger werden könnte!"

---

Kommt ein Beamter ins Sportstudio....

---

Die Beamten, die man am wenigsten brauchen kann, stehen am weitesten oben.

Eines Tages auf einer Behörde: Name?? ...
(schluck!)... NAME!?! ähh... Schweißheimer! Das ist
ja kein schöner Name, wollen Sie sich den nicht
ändern lassen? Natürlich...(schluck!)..., aber was
meinen Sie wohl, was mich die verdammten zwei
Buchstaben schon gekostet haben!

---

Ein Beamter zeigt seiner Frau ein Bild mit seinen
Kollegen in seinem Amtszimmer: "Hier sieh mal, 1
Stunde belichtet und keiner verwackelt!"

---

Kennen Sie den Unterschied zwischen einem
Schlafwagenabteil und einer Amtsstube? Im
Schlafwagenabteil werden die Betten morgens
hochgeklappt.

---

Ein junger Türke kommt ins Sozialamt, geht zum
Schalter und sagt zu dem Beamten: "Allo, isch wolle
nix lebe mehr von die Stütze isch wolle gehe
arbeite. "Der Beamte des Sozialamtes strahlt den
Mann an: "Sie haben irrsinniges Glück. Wir haben
hier eine Offerte eines reichen Herrn, der einen
Chauffeur und Leibwächter für seine nymphomanische
Tochter sucht. Sie müssen mit einem riesigen
schwarzen Mercedes fahren und ein bis zweimal
täglich Sex mit dem Mädchen haben. Ihnen werden
Anzüge, Hemden, Krawatten und Freizeitkleidung
gestellt. Weil Sie viele Überstunden leisten,
werden Ihnen sämtliche Mahlzeiten bezahlt. Da die
junge Dame oft verreist, werden Sie diese auf Ihren
Reisen begleiten müssen. Das Grundgehalt liegt bei
100.000 Euro jährlich. "Darauf der junge Türke zum
Beamten: "Du Idiot, willsu mich
verarschen?!"Antwortet der Beamte: "Wer hat denn
damit angefangen?"

---

Wieviele Leute arbeiten im Potsdamer Finanzamt?
Knapp die Hälfte.

Der Beamte weist den jungen Mann darauf hin, daß ein I-Punkt fehlt. Der junge Mann: "Dann machen Sie ihn eben!" Der Beamte schüttelt den Kopf: "Tut mir leid, aber es muß dieselbe Schrift sein!"

---

Ein junger Polizist beugt sich über Oma Pichler, die ganz in sich versunken auf dem Rinnstein hockt. "Kann ich Ihnen helfen, meine Dame?" fragt der Polizist. "Setzen Sie sich ruhig neben mich", sagt die Oma, "dann halten wir zusammen die Parklücke für meinen Mann frei!"

---

Hermann wird in der Silvesternacht von der Polizei angehalten: "Sie sind Schlangenlinien gefahren." "Natürlich", entschuldigt sich Hermann, "sollte ich etwa die kleinen weißen Mäuse überfahren, die über die Straße huschten?"

---

Ein Beamter beobachtet seit zwei Stunden eine Fliege. Endlich erwischt er sie. Soll er sie nun...oder soll er nicht? Er lässt sie wieder fliegen. Wegen der Unterhaltung. Da leuchtet es hell auf an der Wand - eine Fee erscheint. Sie lächelt ihn an und sagt: "Du hast dich als guter Mensch erwiesen, du sollst dafür drei Wünsche frei haben". Der Beamte überlegt nicht lange und wünscht sich zuerst das ganze Büro voller Geld - und zack, schon schwimmt er im Zaster. Nun will er damit auf eine Insel voller schöner Mädchen. Schon passiert. Dann hat er noch einen dritten Wunsch: "Ich möchte das ganze Leben lang Urlaub machen und nie mehr arbeiten!" Und auf einen Schlag - sitzt er wieder in seinem Büro.

---

"Ich brauche eine Baugenehmigung!" "Überhaupt kein Problem, in 20 Minuten haben Sie die." "Da sage einer, dass die Behörden nicht fix und unbürokratisch arbeiten!" "Da haben Sie recht, Herr

Bürgermeister!"

---

Meier im Finanzamt. "Heute ist kein öffentlicher Sprechtag. Heute haben nur Geladene Zutritt, brummt der Portier." Meier: "Haben Sie eine Ahnung, wie geladen ich bin."

---

Im Finanzamt. Otto fragt seinen Kollegen: "He, Willy, kommst du heute mit zum Essen, oder schläfst du wieder durch?"

---

Auf dem Polizeirevier. "Ihre Frau war also Nymphomanin. Wann ist es Ihnen zum ersten Mal aufgefallen, daß sie Ihnen davongelaufen ist?" "Als ich von der Arbeit nach Hause kam und mir die Hose selbst herunterziehen mußte."

---

Ein sehr gewissenhafter Beamter meldet sich bei seiner Dienststelle krank und schreibt: "Ich muß dem Dienst heute fernbleiben. Ursache: Erbrechen und Kopfschmerzen, es ist auch etwas Schwindel dabei."

---

Kommt eine Schlampe aufs Sozialamt. Der Sozialarbeiter bittet sie ein Formular auszufüllen und zwar in jede Zeile den Namen eines ihrer Kinder. Etwas erstaunt schaut er, als sie ihm den Bogen zurückgibt. "Ich glaube Sie haben mich falsch verstanden. Sie sollen nicht in jede Zeile das selbe Kind eintragen!" "Hab ich auch nicht!" "Jetzt sagen Sie bloß, dass alle Ihre Kinder MAX heißen? Wie wollen Sie sie dann rufen?" "Das stimmt schon; sie heißen alle MAX und wenn ich sie zum Essen rufe, schreie ich einfach >MAX< und schon kommen sie alle." "Und wenn Sie nur eines rufen wollen?" "Dann nenne ich es beim Nachnamen..."

Auf dem Finanzamt: "Wann kann ich Urlaub nehmen?"
"Sie sind hier doch gar nicht beschäftigt." "Aber
ich arbeite fast nur für sie!"

---

Zwei Löwen im Zoo: "Wie war s eigentlich, als du
ausgebrochen bist?" "Toll! Ich war im Rathaus und
hab jeden Tag einen Beamten gefressen. Das ging
fast ein Jahr so, ohne daß es jemand merkte. Erst
als ich einen aus der Besoldungsabteilung
verdrückte, waren sie plötzlich hinter mir her!"

---

Der eine Beamte fragt den anderen: "Na, wie war es
im Urlaub?" Der andere antwortet: "Wie im Büro, ich
habe den ganzen Tag dumm herumgesessen und auf das
Essen gewartet."

---

Kommt ein Mann zum Arbeitsamt: "Ich habe eine Frau
und 16 Kinder." "Und was können Sie noch?"

---

Eine Frau hat zwei Kinder geboren. Auf dem einen
Arm liegt ein Kind und auf dem anderen auch eins.
Das erste Kind schläft und das andere macht in die
Windeln. Kommentar der Krankenschwester: "Ich weiß
ganz genau, was die zwei mal werden. Der eine, der
schläft, wird Beamter. Und der andere wird
Politiker, der bescheißt jetzt schon die Leute."

---

Ein Kollege weckt den Beamten zur Mittagspause.
Sagt dieser: "Geht schon mal vor ich arbeite heute
durch!"

---

Warum werden Beamte grundsätzlich senkrecht
begraben? - Damit nachher keiner sagen kann: "Da
liegt die faule Sau!"

Was ist der Unterschied zwischen einem Holz-Schreibtisch und einem Beamten? Holz arbeitet.

**Herstellung und Verlag**

**Books on Demand GmbH**

**ISBN** 9783842360129